西北大学双一流建设项目资助
Sponsored by First-class Universities and Academic Programs of Northwest University
国家自然科学基金青年项目（NO.71803150）资助
陕西省教育厅人文社科专项（NO.18JK0756）资助
西北大学国家社科基金一般孵化项目（NO.17XNFH050）资助

西北大学经济管理学院博士文库

FINANCIAL INCLUSION: PROGRESS, MOTIVATION AND IMPACT

普惠金融：前沿探索、动机考察与效应评估

梳理普惠金融发展脉络，洞悉普惠金融市场参与者行为动机，
厘清普惠金融的福祉效应。

李林阳◎著

中国经济出版社
CHINA ECONOMIC PUBLISHING HOUSE
北 京

图书在版编目（CIP）数据

普惠金融：前沿探索、动机考察与效应评估 / 李林阳著. -- 北京：中国经济出版社，2020. 1
ISBN 978 - 7 - 5136 - 5213 - 1

Ⅰ. ①普… Ⅱ. ①李… Ⅲ. ①金融体系 - 研究 Ⅳ. ①F830. 2

中国版本图书馆 CIP 数据核字（2020）第 023870 号

责任编辑 贺 静
责任印制 巢新强
封面设计 华子设计

出版发行 中国经济出版社
印 刷 者 北京九州迅驰传媒文化有限公司
经 销 者 各地新华书店
开 本 710mm × 1000mm 1/16
印 张 12. 5
字 数 198 千字
版 次 2020 年 1 月第 1 版
印 次 2020 年 1 月第 1 次
定 价 69. 00 元
广告经营许可证 京西工商广字第 8179 号

中国经济出版社 网址 www. economyph. com 社址 北京市东城区安定门外大街 58 号 邮编 100011
本版图书如存在印装质量问题，请与本社销售中心联系调换（联系电话：010 - 57512564）

CONTENTS 目 录

1 绪 论

1.1 引 言

普惠金融——向家庭和中小型企业提供正规金融服务——是全球的决策者和机构在经济社会发展议程中日益重要的一部分(Ardic 等,2011;Demirguc - Kunt 和 Klapper,2013;Allen 等,2016)。2009 年在匹兹堡举行的 20 国集团峰会上,各国首脑明确提出普惠金融是消除极端贫困和加速经济进步的有力工具(CGAP,2014)。世界银行集团承诺到 2020 年实现全球化的普惠金融,宣布届时每个人都能够使用基本的金融服务来积累财富,获得投资资金,并应对风险(世界银行,2013)。政策制定者强调建设普惠金融体系的重要性原因在于,普惠金融有助于提升个人福祉、促进地方经济增长和减少收入不平等。

然而,有关普惠金融的一系列问题仍亟待解决。

第一个问题是:近年来,全球推动普惠金融的主张与行动取得了哪些进展。随着政府及民众对构建普惠金融体系的兴趣日益浓厚,对全球普惠金融的进展和趋势进行严谨而全面的分析对政策制定者和从业者至关重要。探究普惠金融的全球进展,对基于边界信息和实证分析作决策的政策制定者来说具有重要意义。首先,准确定位当前金融机构在多大程度上向穷人伸出了援助之手;其次,有效地评估现行政策在为排斥在金融系统以外的人员服务时的优势与劣势;最后,指导正规金融机构从业人员依据金融排斥者的需求向其提供针对性服务。

尽管普惠金融的概念直到最近才被社会各界所了解,但试图通过向那些被金融排斥的人提供金融服务来减少贫困的想法,可以追溯到 20 世纪 70

年代中期。当时，孟加拉国的小额信贷运动盛行，小微金融机构通过使用一种被称为“集体贷款”的借贷方式向“穷人中最贫穷的人”发放贷款，获得了高于商业银行的贷款回收率。这类小微金融机构较为知名的是孟加拉国的格莱珉银行（Grameen Bank of Bangladesh）、印度尼西亚的 BKKs 和玻利维亚的 BancoSol（Mosley 和 Hulme，1998；Robinson，2001）。在过去的 10 年间，由于小微金融机构向贫困人群提供贷款的技术性与组织性日渐成熟，国际组织、政府、商业银行、私人投资者都对建立和投资小微金融机构表现出浓厚的兴趣（Rhyne 和 Otero，2006）。随着资本的加速流入和投资主体的增加，小额信贷市场已经趋于饱和，目前小微金融机构面临的生存压力与业务竞争不断增加（Cull 等，2009；Assefa 等，2013）。更重要的是，小额信贷市场的捐助者往往只在小微金融机构的开办阶段进行资助，并不是持续地支持它们的发展（Morduch，2000），这给机构小微金融机构的长期成长造成了较大的压力。小额信贷市场的演变促使小微金融机构通过改变实际业务水平与经营模式来提高经济效益，进而实现自给自足。具体措施包括提高日常运营效率（Hermes 等，2011）、增加企业资本密集度（D' espallier 等，2016）、升级贷款技术（Kapoor 等，2007）等。然而，部分学者认为，经营方式的转变可能会导致小微金融机构放弃为贫困人群提供金融服务的宗旨，转而向富裕阶层提供金融服务（Hulme 和 Mosley，1996；Cull 等，2009；Mersland 和 Strøm，2010；Hermes 等，2011；Lutzenkirchen 和 Weistroffer，2012）。但截至目前，能够证明小微金融机构日常业务的变化会影响其惠及贫困人群的证据依旧有限。

第二个问题包括两个层面：贫困家庭进入金融市场使用金融工具的动机是什么，以及正规金融机构向贫困人群提供金融服务的动机是什么。Global Findex 提供的 2015 年数据表明，世界人口的 39.5%，约 20.7 亿成年人无法获得其所需的金融服务和信用贷款。该群体中，一半以上是发展中国家最贫穷的家庭。为什么全球约 2/5 的成年人仍然无法获得金融服务？一些针对全球范围普惠金融的研究使用了国家层面的指标，如人均银行机构网点数量、人均自动取款机数量和人均正规贷款数量等（Beck 等，2007；Honohan，2008；Kendall 等，2010），通过对此类地理邻近性指标的检验来探寻影响普惠金融发展的因素。然而，这些研究的缺陷在于，地理临近性指标不能准确地衡量贫困人群对金融机构的实际利用情况。已有研究表明，两方面因素决定普惠金融能否覆盖贫困人群并满足其需求,即金融服务需求方获取正规金融服务的意愿和金融服务供给方提供合适产品的意愿。诸多学者强调普惠金融的研究应分别从这两方面探讨(Mitton,2008;Giovane 等,2011)。此外,目前提供家庭参与金融市场的行为决策以及金融机构向贫困人群提供金融服务决策的系统性数据较为稀缺(Fungacova 和 Weill,2015;Allen 等,2016;Chen 和 Jin,2016),现有研究普遍依赖复杂的研究设计或计量经济学方法来厘清供给因素和需求因素对普惠金融的贡献。更重要的是,现有的所有研究普遍将发展普惠金融的障碍归咎于贫困人群的社会经济特征,如性别、收入和教育水平。很少有人注意到金融市场中的需求方(个人或家庭)或供应方(金融机构)对普惠金融的主观分析。换言之,鲜有研究针对贫困家庭参与金融市场的动机,以及金融机构向穷人提供金融服务的初衷和动机进行深入分析。因此,探究金融市场中金融服务需求侧和供给侧对于普惠金融的理解及主观评价,对于提升普惠金融的政策效力至关重要(Chen 和 Jin,2016)。

第三个问题是:普惠金融对贫困人群的生活影响效应如何。鉴于全球决策者热衷于利用普惠金融消除极端贫困,学者们通过微观数据分析考察普惠金融对穷人福利水平的影响,结果却是好坏参半。一部分研究深入分析发展中国家被金融排斥的地区和家庭,实证检验使用正规信用贷款(Karlan 和 Zinman,2011;Angelucci 等,2013;Banerjee 等,2015)、存款账户(Brune 等,2011;Dupas 和 Robinson, 2013a,2013b)和保险(Cole 等,2013;Karlan 等,2014)能否帮助穷人脱贫。另一部分研究则基于轶事证据及相关推断分析普惠金融对微观经济个体的影响(Hanning 和 Jansen,2010)。截至目前,大多数评估普惠金融影响的研究都依赖于检验金融服务的使用与个人福祉水平的改善之间的相关性。为了避免内生性和反向因果关系等问题的干扰,这些研究对数据质量和检验方法都有严格的要求。本书在已有分析的基础上,创新性地探究家庭使用金融工具的动机。实践中,贫困家庭使用金融服务的动机决定了其金融行为,即家庭是利用金融工具积累财富还是通过金融资源过度消费。前者预示普惠金融能够帮助家庭获取经济福利,而后者则表明普惠金融能够引导贫困家庭进入贫困陷阱,即持续贫困。为了让全球决策者了解促进普惠金融的重要性,针对贫困人群获取金融服务动机的微观分析至关重要。该分析有效地揭示出新兴经济体中的贫困群体是否能够理性地利用金融工具提高生活水平。

1.2 研究问题

针对上述三个尚未解决的普惠金融问题，本书逐一进行分析探讨，以便深入理解普惠金融的发展进程、决定因素和影响效应。

为了考察普惠金融的发展进程，本书首先关注全球小微金融市场。小微金融行业虽然建立时间较短，但该市场目前日趋成熟。小微金融市场的建立初衷是向被排斥在传统正规金融体系之外的低收入人群提供金融产品与服务。基于对该市场的考察与检验，本书回答第一层面的问题：

近10年来，全球小微金融市场的社会责任绩效（惠及穷人）和财务利润绩效（保持财务可持续性）发生了怎样的变化？全球小微金融市场的（社会责任和财务利润）表现发生了怎样的变化？行业内两方面的生产率是否已经趋同（出现收敛现象）？小微金融机构的经营模式变化在多大程度上促进了全球小微金融市场的生产率趋同现象？

为了分析金融市场中供给侧和需求侧关于普惠金融的观念与动机，本书探索了微观家庭的政治关联和非正规借贷活动如何影响其金融市场的参与行为。同时，本书探讨了商业银行如何根据对家庭的政治联系和非正规借贷活动的评估来作出是否提供金融服务的决定。基于此，本书将回答第二层面的问题：

第一，具有政治关联的家庭是否申请银行贷款的积极性更高？银行是否将贷款申请人的政治关联认定为授予信贷的资格标准之一？

第二，银行在决定信贷分配时，如何看待申请人未清偿的民间借贷的债务对其未来还款行为的影响？当申请人居住在社会资本水平不同的社区时，银行是否将信贷申请人未偿还的债务理解为未来还款能力的信号？

为了评估普惠金融对贫困人群福利水平的影响效应，本书并未按照传统方式分析使用金融服务与家庭收入之间的因果联系，而是通过确定家庭向银行借款的动机来考察家庭借贷行为的经济结果。据此，我们将回答第三层面的问题：

当贫困人群和社会经济特征与其相近的群体进行收入比较时，该现象是否会促使贫困家庭向银行申请贷款？由收入比较所引发的借款行为会导致贫困人群持续性的贫困还是会帮助该群体提升福祉?

通过对以上三个层面问题的回答,本研究从多个方面丰富了现有文献。第一,通过实证分析回顾了全球小微金融市场在过去 10 年间为惠及贫困客户所作的努力与进展。研究表明,小微金融机构的商业化经营策略是致使其在惠及贫困家庭方面进展有限的主要原因。第二,学界的传统观点认为,个体的金融市场参与行为仅受其经济条件的影响,如收入水平或是否有抵押品。本书的分析进一步补充了该传统观念,即家庭获取金融服务的动机(接受普惠金融的动机)受到家庭社会地位与身份因素的显著影响,如政治关联和社会地位的比较(如收入比较)。第三,本书的研究进一步更新了读者对银行针对贷款申请人筛选过程的认识,分解结果表明,信贷申请人的政治关联和家庭所在社区的社会资本水平会影响银行对借款人还款能力和违约风险的判断。

1.3 本书的结构与主要结论

本书其余部分结构如下:第 2 章考察了过去 10 年间全球小微金融行业的生产率收敛现象,同时探究小微金融机构的业务变化在多大程度上影响了机构向穷人提供金融服务的能力和意愿。第 3 章分析了家庭政治关联对其申请银行信贷的行为决策的影响,以及对银行分配信贷的决策的影响程度。第 4 章说明了银行在判断信用申请人的还款能力时,是如何考虑到申请人的非正规金融渠道形成的债务以及他们所处地域的社会资本水平的影响。第 5 章通过分析家庭金融市场参与行为与借贷行为的动机因素,考察普惠金融对贫困人群财富积累的影响效应。

第 2 章重点关注全球小微金融产业的生产率收敛现象。所使用的数据是一个包含来自 59 个发展中国家的 171 家小微金融机构、时间跨度为 2003—2012 年的平衡面板。首先,笔者应用跨时期的数据包络分析方法(Intertemporal - DEA),考察全球小微金融机构的社会生产率(惠及贫困人群的绩效水平)和金融生产率(产出财务效益的绩效水平)的动态变化趋势。跨时期数据包络分析发现,全球小额信贷市场的金融生产率在 10 年间有显著提高,但与此同时,社会生产率提升的程度非常有限。其次,运用收敛性检验,笔者发现小微金融机构的社会生产率和金融生产率的整体提高在很大程度上是由期初落后的机构推动的。换言之，在过去10年间，期初生产率较低的机构比领先的机构更快地提高了生产率，从而不断地接近市场上生产率最高的机构。最后，我们使用动态面板数据分析进一步明确小微金融机构经营模式的转变对社会生产率和金融生产率收敛现象的贡献程度。结果表明，资本深化是10年间生产率趋同的最主要因素，而技术变革对生产率趋同的贡献最小。这一结果的深层次含义是：小微金融机构的商业化致使机构金融生产率显著提升，但社会生产率提升程度有限。在小微金融机构的实践经营中，商业化表现为越来越多地使用商业资金投入小微金融机构、机构的经营模式向商业治理结构转型，以及提供以利润为导向的服务。尽管这些转变提高了小微金融机构的利润率，但也导致机构将服务群体由贫困人群转变为相对富裕群体。换言之，小微金融机构的商业化导致了其“使命漂移”。

本书第3、第4、第5章重点关注中国家庭的金融行为与普惠金融对贫困人群的福利效应。尽管中国在过去40年间减贫进展明显，但根据中国国务院统计，仍有超过7000万的中国人生活在贫困线以下。为了消除贫困、实现普惠金融的目标，中国政府采取了一系列政策措施和调控手段（Shrader和Duflos，2014；Fungacova和Weill，2015；Chen和Jin，2016）。根据世界银行（World Bank）全球金融数据中心（Global Findex）的数据，2014年，79%的中国人拥有正规金融机构的存款账户，这一比例略高于其他新兴经济体（印度为53%，俄罗斯为67%），但远低于发达国家的相应水平（美国为94%，日本为97%）。此外，目前在中国，向正规金融机构借款的人口仅占国内总人口的10%，低于东亚和太平洋地区的平均水平（11%）。Shrader和Duflos（2014）认为，尽管与其他发展中国家相比，中国人口中拥有银行存款人口的比重较高，但按绝对数量计算，中国仍是世界上贫困人口最多、金融排斥人口最多的国家。对于中国的政策制定者而言，他们面临着让全球最大的贫困群体摆脱贫困的挑战，故所有可能促进全面普惠金融的方法都值得考虑和探索。

第3章中，笔者研究了家庭的政治关联对其获得金融机构的正规信贷的影响。针对新兴经济体的研究表明，政治关联在缓解市场歧视、克服信息不对称问题和提升稀缺资源的可得性方面发挥着至关重要的作用（Khwaja和Mian，2005；Faccio，2006；Leuz和Oberholzer - Gee，2006；Claessens等，2008；

Zhou,2009; Feng 等,2014;Guo 等,2014;Infante 和 Piazza,2014)。然而,截至目前尚未有研究深入分析政治关联是如何影响普惠金融的。因此,本书探究户主是中国政党成员是否会影响家庭申请银行贷款的行为决策(市场需求侧),以及是否会影响银行批准该贷款申请的决定(市场供给侧)。利用 Heckman Probit 两阶段模型,笔者发现,家庭政治关联与家庭申请贷款的意愿和银行批准贷款申请的可能性呈显著正相关关系。该研究结果表明,家庭的政治关联可以显著提升普惠金融惠及该家庭的可能性。

研究表明,尽管存在正规金融市场及金融服务,非正规金融仍然是新兴经济体中家庭和企业的主要融资来源(Kochar,1997;Allen 等,2005;Riedel 等,2007;Song 等,2011;Madestam,2014)。有证据表明,在中国、泰国和其他亚洲国家,非正式金融市场所提供的信贷占该国总债务的一半以上(Ghate,1992; Tsai,2004)。鉴于非正规金融市场对微观经济个体的巨大影响,银行在评估贷款申请人的偿债能力时可能会特别关注申请人在非正规金融市场中的借贷活动。第 4 章中,研究家庭在非正规金融市场的负债是否会在其向银行申请信贷的过程中向银行传递信号。虽然已有研究对该问题进行了检验,但笔者分析的核心在于,通过引入申请人所在社区的社会环境对他们还款行为的影响,进而探究贷款申请家庭在非正规金融市场的负债向银行所传递的信息。具体而言,笔者检验了商业银行在决定是否向贫困家庭提供信贷的过程中,是否考量该家庭是位于社会资本密集的社区还是位于社会资本稀缺的社区,进而作出差异化的决策。研究结果表明,银行在判断贷款申请人的资信和还款能力时,会将其在非正规金融市场的负债和其所在社区的社会资本水平作为共同评判申请人还款能力和还款意愿的信号。更准确地说,在社会资本水平较高的社区,家庭的非正规金融渠道负债被银行视为一种风险信号,因为在该社会环境中,非正规借贷关系是建立在借贷双方密切的社会关系的基础上的,债务人势必会受到当地社会环境的约束,即还款义务的压力。这种压力会迫使他们首先偿还非正规金融渠道的负债,推迟向银行还款。相反,在社会资本水平较低的地区,非正规借贷关系的基础是严格评估借款人的还款能力,而并非债权人与债务人之间密切的社会关系。因此,在该情形下,自利性是非正规借贷的债权人的主要动机,而债务人在该非正规借贷关系中较少关心利益互惠和还款义务。因此,银行贷款申请家庭的非正规金融渠道的负债被银行认定为未来还款行为的信号,且因其所在社区的社会资本水平而异。

1.4 政策建议

第 2 章中，笔者指出，在过去的 10 年间，小微金融市场的发展驱使小微金融机构将经营重心转变为确保长期财务盈利及利润的可持续性，同时减少对捐赠和政策资金的依赖。这一趋势促使小微金融机构财务绩效显著提升，即向客户提供贷款等业务方面更为高效，但该趋势也限制了机构社会绩效的提升，即惠及贫困客户的业务进展有限。由于强调成本控制和减少对捐赠资金的依赖，小微金融机构的经营能力与利润可持续性虽然有所提升，但其经营重心已由帮扶贫困人群（社会责任）转向获取持续性利润（财务责任）。

本书的实证分析表明，过去的 10 年间，技术创新对于小微金融机构生产率提升的贡献十分有限。因此，为了以更低的成本扩大小微金融机构的业务范围，进而惠及极端贫困群体，政府和小微金融从业者应该充分利用当前在发展中国家不断涌现的技术创新和信息传播渠道变革，将更多的创新应用到小微金融机构的日常运营中。例如，发展中国家的手机普及率在过去 10 年间几乎翻了 3 倍（Hanning 和 Jansen，2010）。最近的一项研究发现，电子或数字支付系统，如移动货币和电子存款账户可以惠及贫困人群，而这类线上交易可以将贫困客户的交易成本降低 90%（Voorhies 等，2013）。此外，政府还应不断提升基础设施建设水平，如建立电子支付系统，为小微金融机构提升技术及经营方式创造良好的政策环境。当然，小微金融机构也可以通过融入主流金融体系来实现其支持贫困人群的目标。例如，政策性银行和国有银行可以与小微金融机构合作，小微金融机构可以作为政策性银行或国有银行的基层分支机构开展运营，以覆盖商业利益较低地区的贫困居民。作为政府支持贫困群体的主力，政策性银行和国有银行在欠发达地区拥有庞大的分支网络，它们也可以以雄厚的资本实力支持小微金融机构最大限度地帮助贫困人群获得贷款。

第 3 章的分析表明，银行在对信贷申请者的资信水平审查过程中，信贷工作人员更倾向于批准那些具有特殊社会地位的人的贷款申请，如有政治背景的人。这一发现表明，中国的金融市场运行中，信息不对称仍是最大的问题之一,信贷工作人员须利用申请人的社会背景等额外信息来提高银行对申请人还款能力评估的准确性。然而,这种按社会地位发放贷款的做法会引发两方面的消极后果:一方面,没有特权地位的家庭虽然符合银行发放信贷的经济标准,同时也有信贷需求,但可能认为自身社会地位较低或社会资源不足而放弃申请贷款,即由于自我否定而引发的金融排斥现象。另一方面,由于家庭的政治关联与政治权力、社会影响力等方面均高度相关,信贷员有可能通过向有政治关联的家庭提供信贷,以获得晋升或其他私人利益。因此,建立一个公平准入、交易透明的金融市场,金融监管机构必须以银行客户的角度分析当前市场运行的缺陷并采取相应措施。例如,利用电话采访、媒体监控和客户调查等方式收集客户投诉,监管机构可以识别金融市场中从业者与客户所遇的难题与障碍,并据此制定政策以指导金融机构的行为,规避市场失灵。金融机构还应加强内部控制,以监控交易流程和降低经营风险。特别地,建议银行使用电子交易系统来升级其日常经营方式。当所有交易实现电子化与系统化后,监管部门可有效地监督和审查,据此,银行可有效地避免基于关系所形成的交易。

第4章的分析可以得出两方面启示。首先,由于非正规金融市场中的放贷者比商业银行拥有更为准确的贷款申请家庭的资信水平和违约历史信息,正规金融机构可以与非正规的放贷者合作,分享借款者的财务活动和资信信息。这种信息共享的机制不仅可以降低商业银行筛选贷款申请人和监控贷款流向的成本,还将有效提升普惠金融对于资信水平较高的客户的惠及程度。例如,Hanning 和 Jansen(2010)的研究表明,为了推动普惠金融发展,印度尼西亚的商业银行已经从非正规金融部门收集到关于当地居民金融活动的历史信息,该现象在非正规金融市场活动盛行的区域非常普遍。其次,笔者的分析表明,当申请人所在社区的社会资本水平不同时,银行对申请人非正规负债的认定方式也存在差异。这是因为家庭所在区域的社会环境,即邻里间社会交往与相互交流的频繁程度,对家庭的金融行为、还款行为影响显著。在新兴经济体中推动普惠金融,重要的是要认识到,在金融服务覆盖率较高的社区中,贫困家庭可能会因为受到其他家庭金融活动的影响和鼓励而参与金融市场活动。因此,为了促进普惠金融发展,特别是在欠发达地区,应不断提高公众对于使用正规金融服务好处的了解程度,从而激发贫困人群使用金融工具的意识。

第5章中，笔者着重检验家庭寻求银行融资的两方面动机，即“攀比效应”和“隧道效应”。虽然我们的分析表明，隧道效应是家庭参与信贷市场的主要原因，但不排除一些家庭申请信贷是用于炫耀性消费。例如，印度一些家庭非理性地使用信贷，从多达6家不同的地方放贷机构借款，以满足其资本需求。这些客户的负债情况明显超出了他们的偿还能力，导致自身陷入持续性贫困（Chowdri, 2011）。这一证据表明，普惠金融是一把“双刃剑”，既可以帮扶贫困家庭，又可能使其陷入持续贫困，结果取决于借款人的财务知识和金融机构为客户提供的风险防范措施。因此，银行在向贷款人提供信贷之前和发放信贷之后，应向借款人就如何正确使用和偿还贷款提供指导说明和相关培训。金融素养培训不仅提高了客户在金融活动中的权利和责任意识，还教会客户如何通过减少金融机构与客户之间的信息不对称来保护自己。银行还应通过宣传以往信贷违约案例的信息，提高公众对非理性使用信贷危害的认识。更重要的是，银行应该在签订贷款合同之前、期间和之后持续了解借款者使用贷款的情况，以杜绝借款者将信贷用于炫耀性消费或其他非理性目的。

1.5 不足之处与研究展望

本书的第一个不足之处与第2章的分析有关，即第2章对小微金融机构实际运营中资本深化的定义。正如第2章分析中所显示，资本深化的重要性体现在过去10年间，它一直是提升小微金融机构的财务盈利绩效和社会责任绩效的核心指标。从理论上讲，小微金融机构资本深化的过程是指资本—劳动力比率的提升。该指标提升的原因可能是机构增加了实物资产的投入或员工培训的投资等。然而，笔者并没有确凿的证据说明增加的资本投资来自商业投资者（如小微金融投资公司）还是捐赠者（如社会或政府补贴）。如果资本—劳动力比率的提升原因在于不断涌入的商业资本，这就为小微金融机构在过去10年间财务盈利绩效显著提升但社会责任绩效进展有限的现象提供了有力的解释。换言之，商业投资者的资金流入促使小微金融机构将其经营重心由帮扶贫困群体转向获取持续性利润。为了深入分析这一问题，未来研究可以首先区分由捐赠者或其他社会组织投资设立的小微金融机构和由商业投资者支持的小微金融机构，进而分析这两类机构是否会随着时间的推移展现出不同的经营策略和发展趋势。该研究将有助于考察不同来源的资金是否会通过改变小微金融机构的经营战略和治理结构而影响其绩效。

本书的第二个不足之处在于,针对横截面数据的回归可能产生内生性问题。正如笔者在第3章中指出的,政治背景可以表明个人有更强的人际交往能力或在工作领域有出色的表现。因此,申请人的政治关联可能被视为能力指标,银行在筛选贷款申请人的过程中可能会据此判断申请人的个人能力。为了解决潜在的内生性问题,笔者在回归模型中增加了人力资本指标(如教育程度和职业特征),来控制申请人个人能力的影响。回归模型中,申请人的受教育程度保持显著,该结果表明银行评估申请人能力的依据是人力资本指标,而并非政治关联。由于缺乏与申请人能力相关但与政治背景无关的可选指标,笔者并未尝试使用工具变量进行深入检验。未来的研究中可以尝试探索有效的工具变量,或使用其他方法,如随机干预实验等,来区分政治关联与个人能力对获取银行信贷的影响。

本书的第三个不足是关于普惠金融的定义和衡量。本书使用信贷获取作为普惠金融的代理变量,原因在于,新兴经济体大部分民众已拥有银行账户,例如,中国为79%,巴西为68%,俄罗斯为67%,印度为53%,同时,仅有少部分民众向金融机构借款,如中国为10%,巴西为12%,俄罗斯为10%,印度为6%。这表明新兴经济体中的信贷渗透率仍处于较低水平,大多数人口并未享受到银行核心业务的服务。此外,研究人员可能对其他形式的普惠金融感兴趣,如获得储蓄账户、购买保险或参与股票市场。使用这些金融服务可能对提升个人福祉产生深远影响,因此,未来研究中可以通过以其他指标作为普惠金融的代理变量进而扩充对普惠金融的分析。

在第5章中,笔者检验了申请银行贷款家庭的动机是否缘于“攀比效应”或是“隧道效应”。检验结果表明,贷款申请者与非申请者在消费和投资模式上的确展现出差异。虽然笔者检验证明“隧道效应”是激励贫困家庭申请银行贷款的主要动机,但一个可能的现象是,贫困家庭使用信贷的方式可能与最初的申请动机不一致。换言之,在社交网络成员沟通交流的影响下,借款人可能会逐渐摒弃“隧道效应”的初衷,将信贷用于非理性消费,而不是投资于可获得长期经济利益的活动。如果对这个问题进行深入探讨,则需要利用时间序列数据开展相应检验,未来的研究基于面板数据检验借款者使用信贷的思路与方式是否会随着时间发生变化。

尽管存在上述局限性，但本书的研究增强了我们对普惠金融多层面的理解，包括普惠金融的发展边界、决定因素和经济效益等。笔者的分析传递了三个主要信息：

首先，新兴经济体的公众应该意识到，获得金融服务有利于提升他们的福祉，即公众应被鼓励获取正规金融机构服务。同时，贫困家庭也应认识到，不当地使用金融工具可能陷入持续性贫困，因此，在使用金融服务时应遵从金融机构的专业指导。

其次，为了确保金融机构的服务惠及贫困群体并为他们提供合适的服务，金融机构应该升级，既对经营战略进行革新，如应用技术创新，又在评估客户资信水平时建立透明而审慎的标准，并确保评估过程的公平性。

最后，普惠金融的实现势必需要政府的大力支持。政府须营造良好的政策和监管环境，鼓励金融机构采用新技术，开发新产品，开拓新市场。此外，发展完善的基础设施，包括互联网、公路和移动电话网络等，是提升欠发达地区居民金融服务获取渠道的先决条件。

参考文献

[1] Allen F., Qian J., Qian M. Law, Finance, and Economic Growth in China[J]. Journal of Financial Economics, 2005, 77 (1):57 - 116.

[2] Angelucci M., Karlan D., Zinman J. Win Some Lose Some? Evidence from a Randomized Microcredit Program Placement Experiment by Compartamos Banco[OL]. NBER Working Papers. Cambridge, Mass.: National Bureau of Economic Research, May. 2013.

[3] Assefa E., Hermes N., Meesters A. Competition and the performance of microfinance institutions[J]. Applied Financial Economics, 2013, 23 (9): 767 - 782.

[4] Attanasio O., Augsburg B., Haas R. et al. Group Lending or Individual Lending? Evidence from a Randomised Field Experiment in Mongolia[OL]. Working Paper W11/20, 2011, London: Institute for Fiscal Studies.

[5] Augsburg B., Haas R., Harmgart H et al. Microfinance at the Margin: Experimental Evidence from Bosnia and Herzegovina[OL]. Working Paper 146.

2012. London: European Bank for Reconstruction and Development.

[6]Christen R. P. Commercialization and Mission Drift: The Transformation of Microfinance in Latin America[R]. CGAP Occasional Paper No. 5. 2001. Washington, DC: Consultative Group to Assist the Poorest.

[7]Claessens S., Feijen E., Laeven L. Political connections and preferential access to finance: The role of campaign contributions[J]. Journal of Financial Economics, 2008, 88: 554-580.

[8]CGAP (Consultative Group to Assist the Poor). Financial Inclusion and Development: Recent Impact Evidence[R]. CGAP, Washington, DC, 2014.

[9]CGAP (Consultative Group to Assist the Poor) Financial Access 2010 [R]. CGAP, Washington, DC, 2010.

[10]Cull R., Demirgüç-Kunt A., Morduch J. Financial performance and outreach: a global analysis of leading microbanks[J]. Economic Journal, 2007, 117 (517): 107-133.

[11]Cull R., Demirgüç-Kunt A., Morduch J. Microfinance tradeoffs: Regulation, competition, and financing[OL]. World Bank Policy Research Working Paper 5086, 2009, Washington DC: World Bank.

[12]Demirgüc-Kunt A., Klapper L. Measuring Financial Inclusion: Explaining Variation in Use of Financial Services Across and Within Countries[J]. Brookings Papers on Economic Activity,2013:279-340.

[13]Faccio M. Politically connected firms[J]. American Economic Review, 2006, 96: 369-386.

[14]Feng X., Johansson A. C., Zhang T. Political participation and entrepreneurial initial public offerings in China[J]. Journal of Comparative Economics, 2014, 42: 269-285.

[15]Field E., Pande R., Papp J. et al. Does the Classic Microfinance Model Discourage Entrepreneuership Among the Poor? Evidence from India[J]. American Economic Review, 2013, 103 (6): 2196-2226.

[16]Ghate P. B. Interaction Between the Formal and Informal Financial Sectors: The Asian Experience[J]. World Development, 1992, 20 (6): 859-872.

[17]Guo D., Kun J., Kim B. Y., Xu C. Political economy of private

firms in China[J]. Journal of Comparative Economics, 2014, 42: 286 -303.

[18]Hermes N., Lensink R., Meesters A. Outreach and efficiency of microfinance institutions[J]. World Development, 2011, 39 (6): 938 -948.

[19]Hulme D., Mosley P. Finance against poverty[M]. London: Routledge, 1996.

[20]Hulme D., Arun T. Microfinance: A Reader[M]. 2009, New York: Routledge.

[21]Infante L., Piazza M. Political connections and preferential lending at local level: Some evidence from the Italian credit market[J]. Journal of Corporate Finance, 2014, 29: 246 -262.

[22]Karlan D., Zinman J. Expanding Credit Access: Using randomized supply decisions to estimate the impacts[J]. Review of Financial Studies, 2010, 23 (1): 433 -464.

[23]Kapoor M., Ravi S., Morduch J. From microfinance to m - finance. Innovations: Technology, Governance [J]. Globalization, 2007, 2 (1 - 2): 82 -90.

[24]Kendall J., Mylenko N., Ponce A. Measuring Financial Access around the World[OL]. World Bank Policy Research Working Paper 5253, 2010.

[25]Khwaja A I, Mian A. Do lenders favor politically connected firms? Rent provision in emerging financial market[J]. Quarterly Journal of Economics, 2005, 120: 1371 -1411.

[26]Kochar A. An empirical investigation of rationing constraints in rural credit markets in India[J]. Journal of Development Economics, 1997, 53 (2): 339 -371.

[27]Leuz C., Oberholzer - Gee F. Political relationships, global financing, and corporate transparency: Evidence from Indonesia[J]. Journal of Financial Economics, 2006, 81: 411 -39.

[28]Madestam A. Informal Finance: A Theory of Moneylenders[J]. Journal of Development Economics, 2014, 107: 157 -174.

[29]Mersland R., Strøm R. Ø. Microfinance mission drift? [J]. World Development, 2010, 38 (1): 28 -36.

[30]Mushinski D. An analysis of loan offer functions of banks and credit unions in Guatemala[J]. Journal of Development Studies,1999,36(2):88 -112.

[31]Petersen M., Rajan R. The benefits of lending relationships: evidence from small business data[J]. Journal of Finance, 1994, 49 (1): 3 -37.

[32]Petrick M. Empirical measurement of credit rationing in agriculture: a methodological survey[J]. Agricultural Economics,2005, 33 (2): 191 -203.

[33]Riedel J., Jin J., Gao J. How China Grows. Investment, Finance and Reform[M]. New Jersey: Princeton University Press. 2007.

[34]Stiglitz J., Weiss A. Credit rationing in markets with imperfect information[J]. American Economic Review, 1981, 73(3): 383 -410.

[35]Song Z, Storesletten K, Zilibotti F. Growing like China[J]. The American Economic Review, 2011, 101 (1), 196 -233.

[36]Tsai K. S. Imperfect substitutes: the local political economy of informal finance and microfinance in rural China and India[J]. World Development, 2004, 32 (9): 1487 -1507.

[37]World Bank. Universal Financial Access Is Vital to Reducing Poverty, Innovation Key to Overcoming the Enormous Challenge, Says President Jim Yong Kim. [OL]. 2013, http://www.worldbank.org/en/news/press - release/2013/10/11/universal - financial - access - vital - reducing - poverty - innovation - jim - yong - kim.

[38]Zeller M. Determinants of credit rationing: A study of informal lenders and formal credit groups in Madagascar[J]. World Development, 1994, 22 (12): 1895 -1907.

[39]Zhou W. Bank financing in China's private sector: The payoffs of political capital[J]. World Development, 2009, 37: 787 -799.

2 小微金融机构绩效的收敛效应：基于动态面板数据的分解分析

2.1 引言

新兴经济体中的一个常见现象是，贫困家庭被排除在商业银行等正规金融体系之外。然而，获得金融服务对穷人来说是至关重要的，因为金融服务有助于他们平滑消费，创造商业投资机会，并持续提升他们在经济活动中的参与度（Collins 等，2009）。这正是近几年普惠金融在当今学术界以及政策制定者的议程上都占据重要位置的原因（Demirguc - Kunt 和 Klapper，2013；Brown 等，2015；Ho 和 Mallick，2017；Ahamed 和 Mallick，2019；Li，2018）。

20 世纪 70 年代末以来，新兴经济体中越来越多的贫困家庭获得了小微金融机构提供的金融服务，特别是 20 世纪 90 年代末以来，这些小微金融机构在向贫困家庭提供金融服务方面显示出了惊人的增长速度。1997 年，小微金融机构拥有大约 1000 万客户，而在 2010 年，这个数字已经超过 2 亿（Maes 和 Reed，2012）。据估计，大约有 10 亿穷人直接或间接受了小额信贷的服务（Lützenkirchen 和 Weistroffer，2012）。

伴随着小微金融客户数量的快速增长，小微金融机构的日常经营模式也发生了重大变化。小微金融机构传统的经营重心在于帮扶贫困群体，即社会影响和社会责任绩效，而当前众多机构更多的是关注财务的可持续性（Hermes 等，2011），更加注重业务的获利能力（Cull 等，2007；Mersl 和 Strøm，2010），以及开发和引进新的发放贷款方式和管理技术（Kapoor 等，2007）。

这些变化可能对小微金融机构的财务利润绩效（成本效率和获利能力的表现）和社会责任绩效（惠及穷人的表现）均产生深远的影响（Fall,2018）。

本章就小微金融机构经营方式的变化是否以及能在多大程度上对小微金融机构的财务利润绩效和社会责任绩效产生影响进行深入分析。为了实现这一目标，笔者利用一个10年跨度的面板数据分析小微金融机构的财务利润绩效和社会责任绩效，并检验机构的绩效变化趋势是否源自机构运营效率的变化（即基于现有的投入能否以更高效的运营方式得到更丰富的产出）、资本密集度的变化（即提升机构的资本—劳动力比率），或是技术发明的革新（即通过技术创新调整资本和劳动力投入方式以得到更高的产出）。需要特别指出的是，笔者在探究小微金融机构绩效变化趋势时，着重考察小微金融机构绩效在多大程度上随时间收敛。

尽管已有研究分析小微金融机构的绩效及其决定因素①，但据笔者所知，本研究是首次针对小微金融市场绩效的动态变化趋势进行整体分析，同时通过检验大规模的国际样本明确小微金融机构在长期发展过程中的绩效收敛现象。此外，分解分析的应用为深入考察小微金融机构的经营模式和业务设置变化对小微金融机构绩效的动态趋势变化的贡献程度。同时，本研究在关注小微金融机构财务利润绩效的基础上，同时利用分解分析检验机构的社会责任绩效，目前鲜有研究做出该分析。探索小微金融机构绩效跨时期的动态变化趋势，并探究导致该趋势形成的源头对于学界和业界均有重要参考价值。原因在于，该分析结果可能有助于理解小微金融机构如何能够以更低的成本和更好的服务来满足贫困人群的需求。

笔者首先使用跨时间数据包络分析（Intertemporal - DEA）对小微金融机构进行分析，该方法在解释经济增长趋势的文献中被广泛应用，但截至目前尚未被应用于小微金融机构的财务绩效和社会绩效方面的分析。数据方面，笔者使用了2003—2012年位于59个发展中国家的171家小微金融机构的平衡面板数据。

通过分析，笔者发现小微金融机构之间的绩效展现出长期收敛的趋势。同时还发现，提升资本密集度（资本深化）是引发小微金融机构，特别是期初落后机构绩效高速提升的主要因素，该现象在2003—2007年表现尤为明显。

① 参见近期的文献综述，Fall等（2018）以及Hermes和Hudon（2018）。

2008—2012年,资本深化和技术创新均对机构绩效提升做出了重要的贡献。实证分析所发现的趋势与小微金融市场在过去10年间实际发生的变化是一致的,如小微金融业务的日益商业化、小微金融机构与商业银行竞争的增加以及私人投资者进入小微金融市场并参与投资等现象。

本章的其余部分结构如下:第2节讨论了小额信贷市场20世纪90年代末至21世纪初所经历的主要变化,以及这些变化如何影响小微金融机构的业绩。第3节介绍本章用于分析绩效变化趋势的方法,并展示了我们如何按照Los和Timmer(2005)提出的方法,将小微金融机构的绩效变化趋势分解为运营效率变化、资本密集度变化和技术创新变化。第4节展示实证分析结果,第5节是本章结论。

2.2 小微金融市场的经营结构与绩效变迁

小额信贷运动始于20世纪70年代中期的孟加拉国,自产生以来,经历了多次的经营结构变迁。最重要的经营模式变化发生在20世纪80年代末,小微金融市场从以服务贫困人群为导向转变为以商业盈利为导向(Hulme和Mosley,1996;Christen,2001;Hulme和Arun,2009;Cull等,2011a;Lutzenkirchen和Weistroffer,2012)。

最初,大多数小微金融机构是通过集体贷款模式,专注于向偏远地区贫困人口提供贷款的非政府组织。该机构运营的主要目的是减少贫困,同时拓展金融扶贫的深度,即向贫困线以下的群体提供服务。由于小微金融机构收取的利息难以弥补高额的运营成本,在多数情况下,它们难以达到持续经营的基本目标。因此,许多小微金融机构依赖于政府和私人捐助的资金来维持运营。

20世纪80年代中期以来,强调市场而非政府作用的新自由主义模式开始成为经济学和政治学的主导观点。该观点也引发了人们对如何通过小额信贷向穷人提供金融服务的思考。同时,通过政府行政手段引导农村信贷市场扶贫模式的失败,加速了人们对转变小额信贷经营模式转变的思考。部分从业者和学者呼吁,小微金融机构应由依赖于补贴捐赠资金的传统方式转变为商业化的经营模式,旨在同时达成获利可持续性与惠及贫困人口的双重目标。该观点认为,通过按照市场的盈利标准向客户收取费用,小微金融机构将能够盈利，这些利润进而保证小微金融机构在贫困地区拓展市场。此外，提升的盈利能力将吸引外来投资，从而推动小微金融机构的业务增长。基于此，持有该观点的学者认为，业务增长及市场覆盖面拓展保证了更多的贫困家庭可以获得金融服务。因此，小微金融机构的财务盈利绩效和社会责任绩效是相辅相成的。

小额信贷经营模式向商业化转变的同时，小微金融机构的类型也随之发生了变化。最初非营利性非政府组织主导着小微金融市场，但从 20 世纪 90 年代中期开始，营利性的小微金融机构数量稳步增长，具体表现为三个层面。首先，一些成功的非政府组织改变法人资格，转变为非银行金融机构（NBFIs），这使得小微金融机构能够吸引存款，从而提升了其资本基础。其次，捐赠组织不断建立新的非银行金融机构，而不是改造现有的非政府组织。最后，鉴于小微金融理念被广泛认可，越来越多的商业银行进入小微金融市场进行投资。根据 Mix Market 提供的 2010 年的数据①，在 2000 家小微金融机构的样本中，非政府组织和非银行金融机构各占 1/3，商业银行占比达到 10%。

小额信贷提供的金融服务的方式也发生了转变。机构从最初专注于集体贷款，逐渐转向个人贷款。作为一种商业模式，个人贷款更有前景，因为它能更好地满足相对富裕客户的需求，而这类客户的服务成本通常较低。此外，集体贷款的方式在农村以外的地区应用较为困难，因为这种贷款模式的基础是参与集体贷款客户间的社会关系，而城市居民间的社会关系相较于农村地区往往较为稀疏。

除了贷款模式的转变，随着时间的推移，小微金融机构逐渐扩大了金融服务的范围，这对小微金融市场的格局也产生了较大的影响。小微金融机构最初专注于提供贷款，但逐渐意识到贫困人群对于金融服务的需求不仅限于贷款，因此增加了业务内容，包括支付服务、储蓄账户、保险等。此外，一些机构在发放贷款的同时向客户提供金融知识培训，以增加贷款投入盈利项目的可能性。小微金融机构不仅提供新型服务，而且转变服务的方式，如引入 ATM、芯片银行卡、销售点（POS）设备和移动银行等设施。这些服务

① Mix Market 是一个基于互联网的数据库，提供小微金融机构的财务盈利和社会责任绩效信息。

不仅提升了客户服务的便利性，降低了客户的交易成本，而且使机构能够接触到更多偏远地区的客户，降低运营成本，增加财务安全（Rhyne 和 Otero，2006；Yimga，2018）。

可以看出，小额信贷市场的格局发生了较大变化，特别是21世纪初以来，小微金融机构已开始从金融市场筹集商业资金。商业投资者对资助小额信贷活动的兴趣日渐浓厚，尤其是关注社会责任的投资者。2008年，对小微金融机构的外国私人投资达39亿美元。2009年，这一数字增至56亿美元，占当年小微金融机构获得资金总额（包括公共捐助资金）的30%（El-Zoghbi 等，2011）。然而，商业投资也给小微金融机构的商业模式带来了更大的压力，投资者更强调财务的可持续性和利润获取，其次才是服务贫困客户。

小额信贷市场的变化引发了一系列可研究的问题，特别是市场格局的变化如何影响小微金融机构长期的经营活动和绩效的问题。这促使了学者们对小微金融机构绩效的研究，包括使用参数方法，如随机边界分析（SFA）和非参数化方法、数据包络分析（DEA）等，来衡量机构将投入（如资本和劳动力）转化为产出（如金融服务）的效率。大多数关于小微金融机构绩效分析的研究都在2010年以后发表。这些研究大多使用DEA分析某个国家一年的数据。根据Fall等（2018）最近进行的Meta分析，2014年以来发表的15篇论文中只有4篇使用了SFA；5篇文章使用的数据包含多个国家；仅有5篇文章使用面板数据。Meta分析的主要结果表明，小微金融机构的运营效率随着时间的推移而提高（Fall 等，2018）。

最近的一些研究着重考察小微金融机构生产率的变化及其决定因素。这些研究应用了名为Malmquist全要素生产率指数方法，从而扩展了传统的DEA分析。Gebremichael 和 Rani（2012）运用这种方法考察了2004—2009年19家埃塞俄比亚小微金融机构的生产率变化。Bassem（2014）使用类似方法对中东和北非地区国家2006—2011年的33家小微金融机构进行了数据分析。Mia 和 Soltane（2016）使用了2007—2012年50家南亚小微金融机构的数据，以及 Wijesiri 和 Meoli（2015）收集了2009—2012年20家肯尼亚小微金融机构的数据。最后，基于Malmquist全要素生产率方法，Mia 和 Chandran（2016）对孟加拉国2007—2012年的162家小微金融机构进行了分析，而Bibi 和 Ahmad（2015）对南亚2003—2011年的85家小微金融机构使用了相同方法进行分析。

然而，这些研究关注的是在相对较短的时间内（最长 5 年），对单个国家或少数国家中少量的小微金融机构的生产率变化进行研究。几乎没有研究针对全球环境下小微金融机构生产率的变化进行深入分析。此外，鲜有研究针对小微金融机构绩效变化的来源以及小微金融机构绩效收敛的趋势开展翔实的检验。

本章的研究中，笔者使用全球小微金融市场样本进行分析，准确地观测到小额信贷市场的财务利润绩效和社会责任绩效的收敛效应。此外，本章的数据跨度为 10 年，能够保证笔者全面地观测到小额信贷行业绩效的长期动态变化趋势。在此基础上，笔者进一步明确了小微金融机构生产力变化趋势的来源。我们尤其感兴趣的是，小微金融机构的运营效率变化、资本密度变化和技术创新应用方面的变化对小微金融机构生产率变化的贡献程度。具体而言，在收敛检验的基础上，笔者将小微金融机构绩效的收敛效应分解为三个部分，并说明这些部分在多大程度上促进了小额信贷行业的商业盈利绩效和社会责任绩效的收敛现象。与本章所用的方法相比，以往所使用的 Malmquist 分解方法的研究只将机构的绩效变化分解为技术效率变化和科学创新变化两个层面。

接下来，笔者将讨论运营效率、资本深化和技术创新如何在小微金融机构经营过程中推动小微金融机构绩效，并最终引发绩效的收敛效应。

运营效率表示以尽可能低的运营成本和资金成本向客户提供贷款以及其他服务（Armendariz 和 Morduch，2010；Prior 和 Argandoña，2009）。提高运营效率已经成为小额信贷文献研究的热点，因为多数小微金融机构的经营管理费用高于其收入。小微金融机构的日常运营成本高昂，因为它们从事大量的小额金融交易。每一笔交易都需要与贫困客户面对面交流，以评估他们的资信水平，并需追踪他们的信贷使用情况（Fernando，2006）。随着小微金融市场中传统小微金融机构和商业银行的数量迅速增加，市场的竞争日益激烈，迫使小微金融机构降低成本、提高运营效率以及财务可持续性（Rhyne 和 Otero，2006）。

向生产率领先的小微金融机构学习是生产率较低机构提高自身运营效率的一种方式（Caudill 等，2009）。领先的小微金融机构成本效益更高，因为它们为客户提供金融服务的时间更长，丰富的实际经验确保了领先机构较高的商业获利生产率和社会责任生产率。运营效率较低的机构可能通过模仿领先机构以改进其管理结构、优化运营流程和完善公司的治理体系（D' espallier 等,2017）。Caudill 等（2009）认为,向领先机构学习是落后机构寻求提高成本效率和商业获利生产率的核心。通过采纳市场先驱者的服务贫困客户的实践经验,例如贷款策略选择和控制贫困客户的违约风险,落后的小微金融机构可以避免在实践中花费不必要的成本。

资本深化是指增加单位劳动力的资本投入（D' Espallier 等,2017）。就小微金融机构而言,资本深化意味着信贷人员所提供的贷款数量和金额更高,这可以通过使用绩效激励的方式激发员工和提高机构的市场竞争力（Aubert 等,2009）。McKim 和 Hugart（2005）在对 147 家小微金融机构的调查中发现,采用员工激励计划的小微金融机构比例从 1999 年的 6% 上升到了 2003 年的 63%。Aubert 等（2009）发现,采用员工激励计划的小微金融机构在信贷工作人员的工作效率和机构整体财务绩效方面均显著提升。通过增加员工培训的投入也可以实现资本深化,包括培训员工学习处理拖欠贷款、时间管理、运营风险管理、会计核算和其他软技能等（Sarker,2013）。在过去 20 年里,小微金融机构一直致力于增加资本投入,以确保在竞争日益激烈和商业化的市场环境中生存并取得更好的业绩。

技术创新是指在小额信贷市场中,边界技术应用于小微金融机构的经营过程,包括机构内控系统中软件的更新,用于记录日常交易与客户信息;信用评级系统的应用,以评估借款人的资信水平和还款能力（Helms,2006）;以及提升机构之间的网络连接,用以传递信息和监控交易。此外,新技术可能涉及通过 ATM、芯片卡、销售点（POS）设备和移动银行提供的服务。

由于技术创新的多方面贡献,小微金融机构应用技术创新以提高绩效的积极性较高。首先,通过使用设计完善的信息系统、网络连接和信用评级系统,小微金融机构能够准确地评估客户的信息,跟踪客户的信贷使用,并降低违约风险。同时,技术创新可以帮助机构提供更为可靠的绩效信息,并提高其经营过程的透明度。透明度的提高有助于机构吸引更多的外部资金（Rhyne 和 Otero,2006）,进而有助于增加经营收入。其次,新科技的应用可以通过简化和标准化交易程序来降低运营成本（Ketley 等,2005）,从而提升机构的市场竞争力。最后,新型金融服务增加了贫困客户获得金融服务的潜力。这些新的服务不仅可以为客户提供便利和更低的交易成本，还使移动金融机构能够在偏远地区惠及更多的客户，降低运营成本，提高金融服务的安全性（Ryne 和 Otero，2006）。

综上所述，在过去 10 年中，运营效率的变化、资本密集度的调整和技术创新的应用是小微金融机构日常运营的三大潜在重要变化。笔者着重对这三方面进行考察，因为它们反映了小微金融机构在过去 10 年间应对不断变化的小额信贷市场环境所作出的调整与变化。换言之，这三方面代表着小微金融市场商业化进程和竞争加剧对机构运营产生的影响（Ryne 和 Otero，2006；Armendariz 和 Morduch，2010）。本章的后续部分中，笔者深入考察了 2003—2012 年运营效率的变化、资本密集度的调整和技术创新的应用对小微金融机构的财务和社会绩效的变化以及出现的收敛效应做出的贡献。

2.3 数据介绍与方法描述

2.3.1 数据介绍

本章基于包含全球 171 家小微金融机构在 2003—2012 年数据的平衡面板构建全球生产边界。数据来源于 Mix Market 网络数据库①。与非平衡面板相比，使用平衡面板可以保障笔者更好地分析小微金融机构生产率随时间变化的动态与趋势。

如前所述，本章分析的目的是检验小微金融市场中的财务利润绩效和社会责任绩效的长期收敛效应，并进一步识别绩效收敛的主要驱动力。为了保证实证分析的准确性，样本应在提供小微金融机构完整信息的基础上，尽量延长考察的时间跨度。如果使用非平衡面板，则可能导致诸多估计偏差，包括生产力边界的构建、生产力边界随时间位移以及生产力边界位移的来源识别。当部分小微金融机构在 2003—2012 年进入或离开估计样本，上述估计偏差的现象出现的可能性较高。例如，在样本的 10 年考察期内，新设

① 见附录表 A.1，包含了实证分析中使用的所有变量的定义、解释和数据来源。附录表 A.2 展示了 Mix Market 提供的完整样本（非平衡）和本文使用的样本（平衡）的描述性统计。

立的小微金融机构可能拥有充足的初始资产，并基于此向大量客户提供服务。这一新成立的金融机构可能会推动生产力边界并使之上移，但这种推动只能由新金融机构的充足初始资金来解释，而不能归因于整个小额信贷市场的运营进展。因此，使用非平衡面板数据可能会干扰笔者对生产力边界位移来源的分析。基于 Mix Market 的原始数据，笔者按照研究目标优化分析样本以便于分析，最终确定一个时间跨度为 2003—2012 年由 171 家小微金融机构组成的平衡面板样本。

2.3.2 方法介绍

本章的研究遵循两步分析：首先，使用跨时期数据包络法（IDEA）估计小微金融机构的绩效和生产率①。其次，笔者应用动态面板数据分析检验小微金融机构生产率的收敛效应，在此基础上进一步考察小微金融机构日常运营中生产率提高的原动力。

（1）跨时期数据包络法（Intertemporal Data Envelopment Analysis）

笔者利用 DEA 来确定全球小微金融市场生产力边界。DEA 的一个重要特征是，可以在不施加特定限制或特定功能要求的前提下估计小微金融机构生产率（Färe 等，1994），因为 DEA 基于线性规划方法对数据执行逐段线性函数的估计（Los 和 Timmer，2005）。因此，每家小微金融机构的生产力的估计是基于所有投入的组合方式的确定，体现为机构的经营技术及技巧，而小微金融市场的生产力边界则是由生产率最高的小微金融机构所构成。

---

① 必须承认的是，数据包络分析最好应用在同质化个体构成的样本中，即小微金融机构所使用的技术及经营模式相近。本章使用的数据包含来自不同国家的小额信贷机构，即不同机构可能采用不同的商业模式，并受到不同的社会环境和法律法规的约束。换言之，本章样本中的个体间同质化程度相对较低。由于一个全球生产力边界的构建可能难以准确估计差异化的小微金融机构的绩效，笔者将样本分成四个地区子样本，并构建区域子样本的生产力边界。根据文献，同一地区的国家之间拥有同质性文化和社会规范（Cull 和 Morduch，2010）、宏观经济环境（Ahlin 等，2011）、制度框架（Cull 等，2011b）和金融业发展水平（Vanroose 和 D' Espallier，2013），所有这些因素都可能促使小额信贷机构共享相同的经营策略、贷款方法和技术创新（Cull 和 Morduch，2010；Kar 和 Rahman，2018；Fall，2018）。因此，基于在同一地区内不同国家间同质化较强的假设，笔者分区域构建小微金融市场的生产力边界。该方法已在其他几项研究中得以应用，如 Gutierrez－Nieto 等（2007），Widiarto 和 Emrouznejad（2015），Wijesiri 等（2017），Widiarto 等（2017）。笔者将在本书结果部分讨论区域子样本的检验。

在使用 DEA 估计的过程中，笔者假设金融机构有两方面投入和一方面产出，同时假定由投入形成产出时规模报酬不变①。确定机构投入和产出时，笔者遵循金融机构生产模式。根据传统银行理论，评估金融机构效率主要基于两种模式，即生产模式和中介模式（Berger 和 Humphrey，1997；Fall 等，2018）。根据生产模式，金融机构被视为生产单位，使用资本和劳动力作为投入，以得到贷款、存款等产出。中介模式将金融机构视为金融中介机构，从储户那里收集存款，并将其作为贷款和其他形式的服务提供给其他客户（Bassem，2014；Widiarto 和 Emrouznejad，2015）。大多数关于小微金融机构效率的研究都遵循生产模式（Gutierrez – Nieto 等，2007；Bassem，2008、2014；Haq 等，2010；Wijesiri 等，2015；Lebovics 等，2016），因为并非所有小微金融机构都允许向公众办理存款储蓄业务（Gutierrez – Nieto 等，2007；Widiarto 等，2017），而这恰恰是中介模式的一个重要假设。因此，在我们的分析中使用生产方法来保持统一性，因为本章样本中的许多小微金融机构都没有办理存款储蓄业务。

因此，在笔者的分析中，小微金融机构的资本（以机构总资产的价值衡量）和劳动力（以员工总数衡量）被选择为两方面投入。在评估财务利润绩效时，笔者使用的产出指标是机构贷款组合的总价值。在评估社会责任绩

---

① 目前使用最多的两种 DEA 模型，为 Charnes，Cooper 和 Rhodes（Charnes 等，1978）创立的 CCR 模型和由 Banker，Charnes 和 Cooper（Banker 等，1984）开发的 BCC 模型。CCR 模型假设规模报酬不变（CRS），而 BCC 模型假设规模报酬可变（VRS）。众所周知，VRS 模型比 CRS 模型约束小。然而，笔者基于如下原因使用 CRS 模型。第一，本研究的主要目的是分解小额信贷机构的生产力的变化趋势，并追踪小额信贷行业生产力变动趋同的来源。根据文献，如果要将机构生产率指数视为一个衡量全要素生产率的有效指标，并对其进行分解，CRS 的假设是必要的（Färe 和 Grosskopf，1996；Färe 等，1997；Ray 和 Desli，1997；Zhang 等，2011）。此外，Casu 等（2004）和 Casu 等（2013）指出，在分解生产力变化时，文献已经达成共识，即使在技术表现出 VRS 时，也可以通过 CRS 距离函数的比值正确地进行分解分析。第二，笔者的分解方法与 Kumar 和 Russell（2002），以及 Timmer 和 Los（2005）的方法一致。两项研究都强调了在分析中假设 CRS 的重要性。基于 CRS 假设，可以将生产力前沿绘制在（K/L，Y/L）二维空间中。换言之，使用 CRS 模型使我们能够将问题简化为一个投入（K/L）和一个产出（Y/L）的分析框架，这反映在本章的图 2－1、图 2－2、图 2－3。

效时，笔者使用机构服务的女性借贷者[①]的数量作为产出指标[②]。

本章所使用的研究方法的一个重要特点是使用了 Tulkens 和 Van den Eeckaut(1995)提出的跨时期 DEA 模型。该方法已在许多研究中得到应用[③]。根据这种方法，在构建第 n 年的生产力边界时，笔者将小微金融机构在第 n 年之前的所有投入和产出数据，以及第 n 年的观测值统一放入估计过程得到生产力边界。换言之，第 n 年($n \in [2004,2012]$)的生产力边界是由样本第一年(2003)到第 n 年整个观察期内生产率最高的小微金融机构所构成。因此，这种方法可以估计 n 个连续的生产力边界。当确定第 t 年的全球小微金融市场生产力边界时，我们将小微金融机构第 t 年($t=1,\cdots,T$)的投入向量定义为 $x_{k,n}^{t}$ ，其中 n 代表小微金融机构 k 的 n 种投入($n=1,\cdots,N$)；同时，定义小微金融机构的产出向量为 $y_{k,m}^{t}$ ，其中 m 代表产出个数($m=1,\cdots,M$)。此外，我们假设在第 t 年的全球小额信贷市场中，在 t 年之前所有可用的技术在 t 年均可以被获取和应用。

笔者应用跨时间 DEA 的原因包括三点。首先，通过在绩效分析中采用历史数据，确保检验结果中不会发生技术倒退(Los 和 Timmer,2005)。技术倒退的排除让本章的分析更贴近现实：随着知识信息的积累，技术进步是在现有技术的基础上取得，而现实中技术或知识的损失或倒退从未发生。

其次，根据 Basu 和 Weil(1998)的研究，笔者假设在全球范围内技术和知识转移是可实现的，这表明生产率较低的小微金融机构能够向行业领先机构学习技术创新。为了在检验中体现出这一学习过程，将机构的投入—产出历史数据纳入估计全球生产率边界的过程中是必不可少的。这一假设

---

① 文献中，女性借贷者的数量是衡量小微金融机构扶贫深度的标准指标，参见 Bassem(2008)，Gutierrez - Nieto 等(2009)，Hermes 等(2011)，Kar(2012)，Piot - Lepetit 和 Nzongang 等(2014)与 Wijesiri 等(2015)。作为稳健性检验，我们还使用了活跃借款人的数量作为衡量小额信贷机构社会责任绩效的变量，这一变量衡量的是小微金融机构的服务宽度，采用这种替代指标得出的分析结果与正文结果保持一致。该结果可根据读者的要求提供。

② 有些小额信贷机构在部分年份未报告女性借贷者的比例数据，意味着我们无法将女性借贷者的数量作为该机构的社会责任产出变量来计算。为了减少观测值的损失，我们采用了多重模拟(Multiple Imputation)方法。该方法由 Rubin(1976, 1987)提出，已广泛用于处理缺失数据。该方法根据给定观测数据的真实值的概率分布来计算数据集中的缺失值。

③ 例如 Shestalova (2003)，Timmer 和 Los (2005)，Los 和 Timmer (2005)，Casu 等(2013)，Li 和 Lin (2015)。

是，全球小额信贷市场上所有小微金融机构都可以获得市场中的技术创新，从而保障落后的小微金融机构能够在经营中不断提升财务利润绩效和社会责任绩效。

最后，通过将小微金融机构的投入—产出历史信息包含在生产率边界的估计中，所有检验结果能够体现出机构的发展路径信息。基于此，小微金融机构生产率的变化都可以被分解为技术效率变化、资本密集度调整和技术创新的应用。因此，这种方法可以帮助笔者确定小微金融机构生产力提升的主要来源。该信息的确定为提高小额信贷行业的绩效提供了重要的发展方法及策略。

(2)生产力收敛现象检验

本章应用的检验生产力收敛现象的方法在经济增长文献中使用普遍(Baumol，1986)。该方法在近期也被应用于研究银行业的效率和竞争(Mamatzakis 等，2008；Casu 和 Girardone，2010；Matthews 和 Zhang，2010；Andries 和 Capraru，2014)。具体而言，分析生产力收敛效应的研究多使用 β - convergence 和 σ - convergence 检验，而本研究是首次在小微金融机构研究中采用 β - convergence 和 σ - convergence 检验。

β - convergence 旨在检验小额信贷行业内机构生产力的追赶效应，具体通过检验小微金融机构期初生产力增长率与考察期内生产力增长率的变化之间的相关性。如果增长率的变化与期初增长率负相关，则意味着机构期初生产力落后的小微金融机构正在加速提升生产力，且增长速度超过期初生产力领先的机构，表明追赶效应发生，同时也表明小额信贷行业中不同机构的生产力水平趋于一致。

σ - convergence 重点检验小微金融市场生产力变化的离散性，为 β - convergence 检验起到补充作用。当小微金融机构的生产力增长水平不断接近小微金融市场生产力增长的平均水平时，表明 σ - convergence 已发生(Weill，2009)。以下是笔者同时采用 β - convergence 和 σ - convergence 检验小微金融机构生产力的收敛效应是否存在。

方程(2-1)检验小微金融机构的生产力增长的 β - convergence：

$$\ln P_{i,T} - \ln P_{i,T-1} = \alpha_1 + \beta_1 \ln P_{i,T-1} + \gamma_1(\ln P_{i,T-1} - \ln P_{i,T-2}) + \theta Z_{i,T} + \varepsilon_{1,T} \tag{2-1}$$

方程(2-1)中，$P_{i,T}$ 表示小微金融机构 i 在第 T 年的财务盈利生产率或社会责任生产率；$P_{i,T-1}$ 表示第 $T-1$ 年小微金融机构 i 的生产率；i 表示小微金融机构，T 表示时间段。α，β 和 γ 是待估计参数，ε 是残差项。两年生产力对数之差（$\ln P_{i,T}-\ln P_{i,T-1}$）表示生产力增长率的变化。如果小微金融机构生产力增长的变化与其初始生产力的增长率水平（$\ln P_{i,T-1}$）呈负相关，则意味着初始生产力增长率低的小微金融机构提高生产力的速度要高于初始生产力增长率高的小微金融机构。换言之，当 β_1 为负时，初始生产力增长率落后的小微金融机构发生追赶效应，β_1 的绝对值越大，收敛效应的程度就越高。$Z_{i,T}$ 代表小微金融机构的个体特征向量。

方程（2-2）检验小微金融机构的生产力增长的 σ-convergence：

$$\ln S_{i,T}-\ln S_{i,T-1}=\alpha_2+\sigma\ln S_{i,T-1}+\gamma_2(\ln S_{i,T-1}-\ln S_{i,T-2})+\varepsilon_2 \tag{2-2}$$

根据定义，$S_{i,T}=\ln(P_{i,T})-\ln(\bar{P}_T)$，其中 $\bar{P}_T$ 为样本内所有小微金融机构的平均生产率增长率。α，σ 和 γ 是待估计参数，ε 是残差项。σ-convergence 旨在考察个体机构生产力的增长率与市场平均的生产力增长率之间的差距。如果 σ 显著为负，则意味着小微金融市场的离散性在不断降低。在本章的分析中，只有当 β-convergence 和 σ-convergence 同时发生时，收敛效应才能被证实存在。

（3）生产力收敛效应的根源

本节介绍小微金融机构财务利润和社会责任生产力收敛的根源分析。笔者借鉴 Kumar 和 Russell（2002）的方法分解每家小微金融机构的生产力增长率。根据 Kumar 和 Russell（2002）的方法，小微金融机构的生产力增长率可被分解为机构生产力水平向市场生产力边界的移动、机构生产力水平沿生产力边界的移动以及生产力边界本身的移动。图 2-1 展示了将一家小微金融机构在第 0 年到第 1 年的生产力增长率分解的示例。图 2-1 中，第 0 年和第 1 年的全球生产力边界分别标记为 $F_{(0)}$ 和 $F_{(1)}$。

小微金融机构的生产力增长率（P_1/P_0）分解方法如下①：

$$\frac{P_1}{P_0} = \left(\frac{P_1}{P_d} * \frac{P_a}{P_0}\right) * \left(\frac{P_c}{P_a} * \frac{P_d}{P_b}\right)^{\frac{1}{2}} * \left(\frac{P_b}{P_a} * \frac{P_d}{P_c}\right)^{\frac{1}{2}} \tag{2-3}$$

或

$$(1+\widehat{P}) = (1+\widehat{P^L})(1+\widehat{P^C})(1+\widehat{P^I}) \tag{2-4}$$

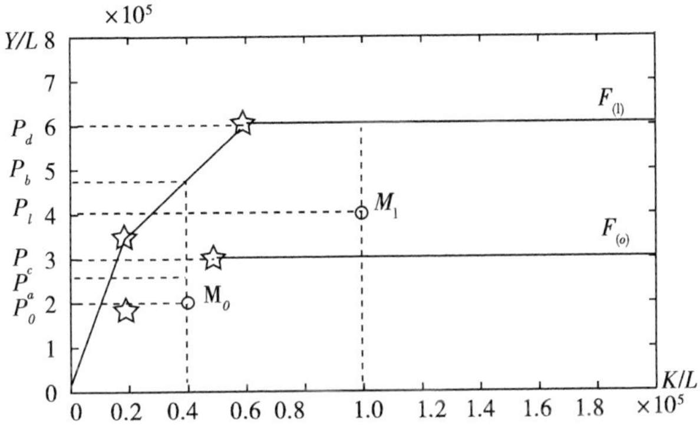

图 2-1　小微金融机构生产力收敛效应分解

式(2-4)为式(2-3)的简化表达式。在式(2-4)中，$\widehat{P}$ 代表第 0 年至第 1 年的生产力增长率。等式的右边，$(1+\widehat{P^L})$ 代表机构在第0 年至第1 年运营效率的变化比率。具体而言，$\widehat{P^L}$ 代表小微金融机构与生产力边界之间垂直距离的变化。因为生产力边界代表小微金融机构可达到的最高生产力水平，缩小与生产力边界线的垂直距离意味着其他条件相同的情况下，落后

① 参见 Los 和 Timmer(2005)以及 Timmer 和 Los(2005)。在式(2-3)的右侧，第一项通过计算 Farrell 效率指数来衡量经营效率比，其中 P_a 和 P_d 分别代表在给定 MFI 各年资本劳动比的基础上，第 0 年和第 1 年可达到的生产力的最高值。如图 2-1 所示，P_a 表示给定 M_0 的资本劳动比，在边界 $F_{(0)}$ 上可以达到最高实践产出，即边界曲线 $F_{(0)}$ 与经过 M_0 的垂直虚线的交点。同样，P_d 表示给定 M_1 的资本劳动比率，可以在 $F_{(1)}$ 边界上得到最高实践产出。Kumar 和 Russell (2002)认为，衡量资本密集度比率(第二项)和技术创新比率(第三项)需要采用“费雪理想”分解，因为生产力边界的垂直移动可被分解为从 M_0 到 M_1 的垂直和水平位移。因此，以费雪指数的方式计算潜在的劳动生产率的变化对劳动生产力的转变(Woltjer, 2013)，其中 P_b 代表用小微金融机构在 0 年的资本—劳动力比率计算出该机构在第 1 年的潜在产出，而 P_c 代表用小微金融机构在 1 年的资本—劳动力比率计算出该机构在第 0 年的潜在产出。图 2-1 中，P_b 为边界曲线 $F_{(1)}$ 与经过 M_0 的垂直虚线的交点，P_c 为边界曲线 $F_{(0)}$ 与经过 M_1 的垂直虚线的交点。最后一项技术创新比率也通过计算几何平均得出。

的小微金融机构通过从领先小微金融机构获取并应用经营技术及策略，以提高其运营效率（Los 和 Timmer，2005）。这部分的估计反映出落后的小微金融机构向领先机构学习的过程（Timmer 和 Los，2005），前提是二者具备相似的资本密集度。因此，笔者将 $\widehat{P^L}$ 定义为学习效应。

等式右边第二部分 $(1+\widehat{P^C})$ 反映了小微金融机构沿着生产力边界的水平位移。这种位移表现为位于生产力边界的小微金融机构的资本密集度的提高。出现该现象的原因是，位于边界的小微金融机构在当前投入组合的基础上，已经达到运营效率的最高点，只有通过增加资本密集度，这类小微金融机构才能利用更先进的技术，并达到更高的生产力水平（Los 和 Timmer，2005）。因此，$\widehat{P^C}$ 衡量的是资本密集度变化对生产力水平提高的贡献，我们将其称为资本深化效应。

等式右边第三部分 $(1+\widehat{P^I})$ 描绘了生产力边界的位移。生产力边界的垂直移动表明技术创新在小微金融产业中得以应用。技术创新的发生，不仅使位于生产力边界的小微金融机构具有更高的生产力，而且为行业内落后的小微金融机构提供技术溢出效应，即落后机构可以通过应用更为前沿的技术创新进一步提高经营效率。因此，$\widehat{P^I}$ 代表了技术创新为提高小微金融机构生产力贡献的程度，我们称之为创新效应。

基于小微金融机构生产力增长率的分解结果，笔者借鉴 Los 和 Timmer（2005），采用以下回归模型考察学习效应、资本深化效应和创新效应在不同时期对小额信贷行业生产率动态变化趋势的贡献程度：

$$Learning:\widehat{P_i^L}-\widehat{P_M^L}=\alpha_L+\beta_L(\ln\frac{P_{i,0}}{P_{i,m}}-\ln\frac{P_{L,0}}{P_{L,m}})+\varepsilon_{i,L} \quad (2-5)$$

$$Capitalintensity:\widehat{P_i^C}-\widehat{P_L^C}=\alpha_C+\beta_C(\ln\frac{P_{i,m}}{P_{L,m}})+\varepsilon_{i,C} \quad (2-6)$$

$$Innovation:\widehat{P_i^I}-\widehat{P_L^I}=\alpha_I+\beta_I(\ln\frac{P_{i,m}}{P_{L,m}})+\varepsilon_{i,I} \quad (2-7)$$

式（2－5）估计了学习效应对生产力收敛的贡献。$\widehat{P_i^L}-\widehat{P_M^L}$ 是小微金融机构 i 和位于生产力边界的小微金融机构 M 之间的学习效果对于生产力增长贡献的差异。其中，小微金融 M 与机构 i 具有相同投入的小微金融机构相同的输入组合。模型右侧，$P_{i,0}$ 为小微金融机构 i 的实际生产力水平，$P_{i,m}$ 为任一小微金融机构生产力可达的最高水平。$P_{i,0}/P_{i,m}$ 表示小微金融机构 i 的实际生产力增长率和最高生产力增长率的比值，$P_{L,0}/P_{L,m}$ 代表位于生产力边界的小微金融机构的生产力增长率的比值。β_L 是待估计的核心参数。当 β_L 为负时，意味着学习效应发生，即落后的小微金融机构向领先机构学习运营策略及技术，进而提高其运营效率并向领先机构不断靠近。β_L 的绝对值越大，代表落后机构通过学习领先机构提升的程度越高。式(2-6)、式(2-7)中的系数与式(2-5)相似，它们侧重于揭示资本深化和技术创新对小微金融行业生产力收敛的贡献。

2.4 结果讨论

2.4.1 财务利润绩效和社会责任绩效动态变化：描述性分析

基于跨时期 DEA，笔者在 2003—2012 年，每隔三年描述财务利润生产力和社会责任生产力的全球边界。该边界是由特定年份中达到最高生产力水平的小微金融机构的位置绘制而成。生产力边界上的五角形代表具有最高生产力水平的机构（见图 2-2 和图 2-3）。边界以下绘制了生产力较低的小微金融机构。

笔者根据样本中所有小微金融机构的经营目的将它们分为两类[①]：非营利性小微金融机构（Non-Profit MFIs）被归类为社会导向型小微金融机构，因为它们往往专注于向穷人提供金融服务和贷款；营利性小微金融机构（MFIs for Profit）被归类为财务导向型小微金融机构，因为它们往往强调财务的可持续性[②]。在图 2-2 和图 2-3 中，正方形代表社会导向型小微金融机构；星号代表财务导向型小微金融机构。

图 2-2 展示了样本中小微金融机构在 2003—2012 年财务利润生产率

① 小微金融机构盈利目的的信息源于 MIX Market 数据库。

② 作为一项稳健性检验，笔者还根据小微金融机构服务的女性借款者比例将机构分为盈利导向机构和社会导向机构。如前所述，该指标被广泛用于识别机构服务极端贫困人口的程度（Cull 等，2007；Hermes 等，2011）。具体来说，如果机构服务的女性借款者比例高于样本中女性借款者的平均比例（平均比例为 66%），则该机构被标记为社会导向型；当这个比例低于样本平均值时，我们将该机构标记为盈利导向型。当按照该方法将机构分类并进行稳健性检验时，结果与正文保持一致。

的动态变化。图中生产力边界曲线在2006年后开始上升，这一移动趋势在2009年之后尤为明显，表明小额信贷行业自2009年后有诸多技术创新得以应用。图2-2进一步表明，相对于领先的小微金融机构（位于生产边界的小微金融机构），许多落后的小微金融机构都经历了追赶学习的过程，进而表现为财务利润生产力的整体提升。与宏观经济增长文献中描述的相类似，这种追赶过程包括两个阶段（Basu 和 Weil，1998；Los 和 Timmer，2005；Timmer 和 Los，2005）：在第一阶段，小微金融机构经历了资本深化，即针对机构的投入水平提高，提升机构资本密集度；在第二阶段，由于资本密集程度较高，机构更有能力实施现有的技术革新并提高其业务效率，从而向生产边界垂直移动。

图2-2显示出2003年大多数小微金融机构位于坐标轴原点周围，表明21世纪初小微金融机构的财务利润生产率和资本密集度相对较低。2006年，虽然边界曲线保持不变，边界以下的小微金融机构，特别是财务导向型机构，表现出向右水平移动的趋势。这表明2003—2006年，这些小微金融机构的资本密集度有所提高。在接下来的几年里，许多小微金融机构继续向右移动，意味着它们的资本密集度进一步提高。与此同时，机构展现出向有效生产边界明显地垂直移动的趋势。这表明，机构通过提升资本密集度开展技术创新的应用，从而提高了财务绩效，这也使得落后的小微金融机构能够缩小与市场领导者之间的财务利润绩效的差距。有趣的是，相较于营利性机构，非营利性小微金融机构在图中向右上方移动的趋势更为明显，表明一些非营利性小微金融机构在提高其财务利润绩效方面比营利性小微金融机构表现更为突出。

图2-3展示了2003—2012年小微金融机构社会责任生产力的动态变化。2006年之后，社会责任生产力边界向上移动，表明该年后市场中的技术创新得以应用，使得小微金融机构提升了其社会责任生产力。此外，研究表明，在社会生产力边界运行的小微金融机构位于生产边界的左侧，表明社会责任绩效最高的小微金融机构的资本密集度相对较低。换言之，财务利润绩效提高的前提是资本深化（见图2-2），而社会责任绩效的提高是在资本劳动比率相对较低的情况下实现的。

总体而言，图2-3显示出许多小微金融机构仍然位于图中的左下角，表明它们在社会责任生产力方面进步缓慢。或许并不令人惊讶的是，非营利性小微金融机构在社会责任绩效方面优于营利性小微金融机构，尽管这一

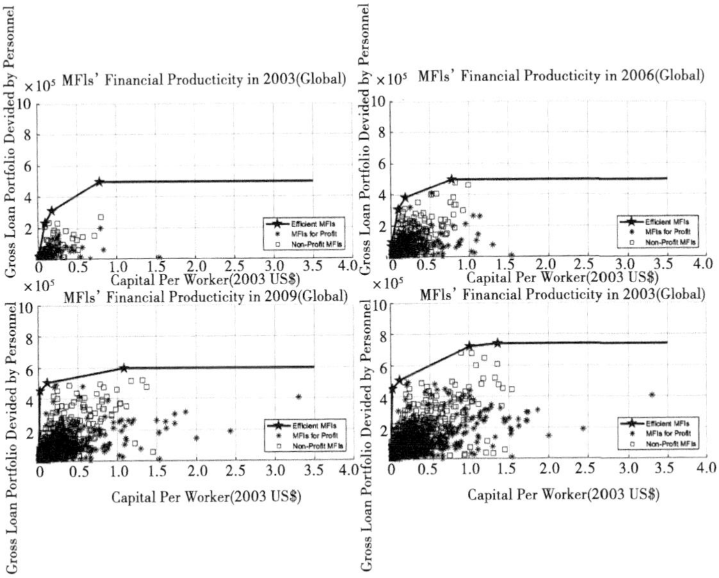

图 2-2　财务利润生产力动态变化趋势(2003—2012 年)

现象也有些许例外。此外,尽管营利性小微金融机构在整个时期一直在向图中右方横向移动,但它们向有效生产边界移动缓慢,换言之,它们在提高社会责任生产力方面只取得了有限的进展。

为了进一步佐证图 2-2 和图 2-3 所示的绩效趋势,我们根据小微金融机构的区域位置将样本分为四组,包括拉丁美洲和加勒比(LAC)、东欧和中亚(EECA)、东南亚和太平洋地区(SEAP)以及中东和非洲(MEA)。笔者将样本分区域检验的假设使同一地区的小微金融机构的财务利润和社会责任生产力的决定因素更为相似。总体来看,地区子样本的小微金融机构绩效的变化趋势与全球样本的绩效变动模式相似。大多数以盈利为导向的小微金融机构通过发展成为资本密集型机构改善其财务利润绩效,但其社会责任绩效的提升水平有限。相比之下,非营利性小微金融机构在 2003—2012 年的财务利润和社会责任表现都有所改善。

与此同时,一些有趣的地区间差异同样存在。LAC 地区的非营利性小微金融机构展现出最为显著的财政利润生产力的提升,而 MEA 地区的若干营利性小微金融机构在惠及穷人方面取得了实质性突破。在确定不同区域的财务利润和社会责任生产力边界的位置时,与 MEA 和 SEAP 地区相比,LAC 和 EECA 地区的小额信贷市场的财务利润绩效边界水平相对较高。这表明，在 LAC 和 EECA 地区，可用于提高财务利润生产力的技术更为先进。然而，与此同时，对 LAC 和 EECA 地区来说，社会责任生产力边界在 10 年间几乎没有上升，但在 MEA 和 SEAP 地区社会责任生产力边界出现了明显的上升。这说明不同地区小微金融机构的经营策略与重心有所差异。换言之，LAC 和 EECA 地区的小额信贷市场在提高财务持续性和利润率方面做出了更多的努力，却忽视了向极端贫穷的客户提供服务的社会责任，而 MEA 和 SEAP 地区的市场则似乎背道而驰①。

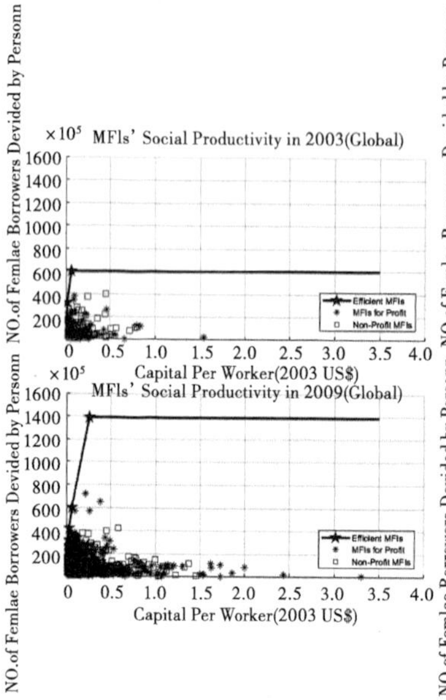

图 2-3　社会责任生产力动态变化趋势(2003—2012 年)

描述性分析中得出的小额信贷市场的财务利润和社会责任绩效的动态变化，与 21 世纪初以来小额信贷行业经历的重要变化相一致。在这 10 年中，小额信贷行业经历了商业化的变革。这使得非营利的小微金融机构转变为寻求私人资金，强调盈利能力和运营效率的机构，而不再一味地强调支持帮助极端贫困人群(Christen, 2001; Mersl 和 Strøm, 2009)。商业化的进程也导致商业银行进入小额信贷市场谋求利润，进而引发小额信贷市场竞争升级，推动以利润为导向的小微金融机构不断提升资本密集度和盈利能力。

① 使用区域子样本的图形分析结果可根据读者的要求提供。

表 2-1 财务盈利生产力 β - convergence 检验（全球样本）

Independen Variables	Dependent Variable: $\Delta \ln P_{i,T}$					
	Convergence without Control (β_{WC})			Convergence with Controls (β_C)		
	(1)	(2)	(3)	(4)	(5)	(6)
	03-12	03-07	08-12	03-12	03-07	08-12
$\ln P_{i,T-1}$ (β)	-0. 075***	-0. 052***	-0. 063***	-0. 094***	-0. 073***	-0. 091***
	(0. 01)	(0. 01)	(0. 01)	(0. 01)	(0. 01)	(0. 01)
$\Delta \ln P_{i,T-1}$	0. 0310	0. 0390	-0. 0440	-0. 0280	0. 0150	-0. 127
	(0. 06)	(0. 03)	(0. 11)	(0. 06)	(0. 03)	(0. 12)
Outreach To The Poor						
ALBPBGNI				0. 044***	0. 034*	0. 033**
				(0. 01)	(0. 02)	(0. 02)
PFB				-0. 099**	-0. 096*	-0. 112**
				(0. 04)	(0. 06)	(0. 05)
Financial Performance						
Write-Off Rate				-2. 115***	-1. 330***	-1. 823***
				(0. 36)	(0. 51)	(0. 44)
Return of Equity				0. 0130	-0. 0240	0. 134***
				(0. 04)	(0. 04)	(0. 05)
Location (Reference Group: SEAP)						
LA				-0. 0220	0. 0250	-0. 0300
				(0. 03)	(0. 03)	(0. 04)
MEA				-0. 00400	0. 100***	-0. 057***
				(0. 02)	(0. 03)	(0. 02)
EECA				-0. 072***	-0. 0180	-0. 086**
				(0. 03)	(0. 04)	(0. 03)
No. of Clients (Reference Group: Small Outreach)						
Medium Outreach				0. 0220	0. 076***	-0. 0350
				(0. 02)	(0. 03)	(0. 02)

续表

Independen Variables	Dependent Variable: $\Delta\ln P_{i,T}$					
	Convergence without Control (β_{WC})			Convergence with Controls (β_C)		
	(1)	(2)	(3)	(4)	(5)	(6)
	03 - 12	03 - 07	08 - 12	03 - 12	03 - 07	08 - 12
Large Outreach				0.0210	0.050 *	0.00400
				(0.02)	(0.03)	(0.02)
Age (Reference Group: New)						
Young				0.175 ***	0.144 **	-0.097 **
				(0.07)	(0.06)	(0.05)
Mature				0.0190	-0.0120	-0.0610
				(0.02)	(0.03)	(0.05)
Ownership (Reference Group: NGO)						
CUCO				0.0210	-0.0430	0.063 **
				(0.02)	(0.04)	(0.03)
NBFI				0.0110	-0.00500	0.0210
				(0.03)	(0.04)	(0.03)
Bank				0.0140	-0.00800	0.0240
				(0.02)	(0.02)	(0.03)
Constant	0.922 ***	0.741 ***	0.758 ***	1.207 ***	0.982 ***	1.179 ***
	(0.09)	(0.13)	(0.12)	(0.14)	(0.19)	(0.18)
No. of Observations	1368	513	855	1231	463	768
R^2	0.0720	0.0500	0.0480	0.167	0.161	0.188
Adjusted R^2	0.0710	0.0470	0.0460	0.156	0.131	0.171
F statistics	46.81	10.10	17.53	10.72	4.920	16.75

注：① $\Delta\ln P_{i,T} = \ln P_{i,T} - \ln P_{i,T-1}$；$\Delta\ln P_{i,T-1} = \ln P_{i,T-1} - \ln P_{i,T-2}$。②括号内为稳健标准差（*、**、***分别表示在10%、5%和1%的水平显著）。

2.4.2 收敛效应检验

表2－1显示的是式(2－1)的估计结果。针对171家小额贷款公司2003—2012年的财务利润绩效,表中报告了绝对β－convergence检验(无控制变量)和条件β－convergence检验(有控制变量)。在条件收敛检验中(4～6列),笔者引入了度量财务盈利和社会责任绩效的控制变量、小微金融机构的运营年限、地区位置和所有权类型等。表2－1展示了整个10年的回归结果和两个5年的回归结果,β_{WC}代表在收敛检验中无控制变量的系数,β_C代表在收敛检验中有控制变量的系数。可以看到,β系数总是保持显著为负,表明相较于在初始阶段财务利润绩效领先的机构,期初落后的小微金融机构在以更高的速度提升其财务利润生产力。换句话说,相较于边界附近的小微金融机构,与生产力边界距离较远的小微金融机构向边界移动的速度更快。该结果证明了2003—2012年小额信贷行业中追赶效应的存在。

当把样本分割成两个5年子样本时,β_{WC}和β_C在第二个5年的绝对值大于第一个5年的绝对值,如无控制变量收敛检验中的0.052和0.063以及有控制变量收敛检验中的0.073和0.091。这表明在样本后5年中追赶效应更明显。该结果与描述性分析的图2－2中财务利润生产力边界的变化趋势相一致,即大多数期初生产力较低的小微金融机构自2006年后持续追赶小微金融机构领导者。产生这一现象的原因是,第一个5年期间,生产力较低的小微金融机构集中精力于积累资本。当资本密集度达到一定程度后,机构加大对技术创新的投资,由此生产力较低的小微金融机构将受益于生产力领先者的技术溢出,从而引发生产力收敛效应。

表2－2显示了对小微金融机构财务利润生产力与样本均值间的离散度的检验结果。消极和重大系数σ－convergence检验中显著为负的σ系数,代表小微金融机构的财务利润生产力与样本平均生产力间的离散程度在不断缩减。因此,β－convergence和σ－convergence的检验共同确认小额贷款行业在2003—2012年财务利润生产力发生了收敛现象①。

① 笔者还针对区域子样本分别开展了β－convergence和σ－convergence的检验。检验结果证实,财务活力生产力收敛现象在同时期所有地区均存在。β－convergence和σ－convergence的测试结果可根据读者的要求提供。

表2－3展示了针对社会责任生产力β－convergence的测试结果。笔者使用了与财务利润生产力收敛性分析中相同的控制变量，并在此分别展示了绝对和条件β－convergence的检验结果。检验结果与财务利润生产力的收敛性分析结果保持一致。β_{WC}和β_C均统计上显著为负，说明β－convergence在检验的10年内以及两个5年子样本中均存在。

表2－2　财务盈利生产力σ－convergence检验（全球样本）

Independent Variables	Dependent Variable: $\Delta \ln S_{i,T}$		
	Global Average		
	(1)	(2)	(3)
	03－12	**03－07**	**08－12**
$\ln S_{i,T-1}(\sigma)$	－0.062***	－0.057***	－0.064***
	(0.01)	(0.01)	(0.01)
$\Delta \ln S_{i,T-1}$	－0.003	0.0450	－0.051
	(0.06)	(0.03)	(0.12)
Constant	－0.00800	－0.00600	－0.0100
	(0.01)	(0.01)	(0.01)
No. of Observations	1368	513	855
R^2	0.0490	0.0600	0.0500
Adjusted R^2	0.0480	0.0560	0.0470
F statistics	29.88	12.54	17.48

注：① $\Delta \ln S_{i,T} = \Delta \ln S_{i,T} - \Delta \ln S_{i,T-1}$；$\Delta \ln S_{i,T-1} = \Delta \ln S_{i,T-1} - \Delta \ln S_{i,T-2}$。②括号内为稳健标准差（＊、＊＊、＊＊＊分别表示在10%、5%和1%的水平显著）。

表2－2还显示出，β_{WC}和β_C的绝对值在第二个5年段均小于第一个5年，即无控制变量收敛检验中的0.104和0.074，有控制变量收敛检验中的0.419和0.404。这表明，2008—2012年，社会责任绩效的追赶效应均有所减弱，这与财务利润绩效的研究结果恰恰相反。社会责任绩效追赶效应的放缓，可被解释为小额信贷行业的商业化。如前所述，商业化进程可能对小微金融机构2008—2012年的社会责任生产力的提升产生了负面影响。大多数以利润为导向的小微金融机构，同时也有部分非营利性的小微金融机构专注于扩展其业务范围及财务可持续性，具体通过吸收外部资金、提高财务

业绩和盈利能力等方式。这一过程反映为资本劳动比率的大幅提高和财务盈利绩效的提高。然而，如上所述，社会责任生产力的提高对资本深化过程并不敏感，这也许可以解释为什么第二个5年期间社会责任生产力的提升有限。

表2－4给出了针对小微金融机构的社会责任生产力 σ －convergence 的检验结果。检验中 σ 系数显著为负，说明小微金融机构社会责任生产力相对于样本平均的离散程度正在不断降低。因此，β －convergence 检验（见图2－3）和 σ －convergence 检验共同证实2003—2012年小额信贷行业的社会责任生产力发生了收敛现象①。

表2－3　社会责任生产力 β －convergence 检验（全球样本）

Independen Variables	Dependent Variable: $\Delta \ln P_{i,T}$					
	Convergence without Control (β_{WC})			Convergence with Controls (β_C)		
	(1)	(2)	(3)	(4)	(5)	(6)
	03－12	**03－07**	**08－12**	**03－12**	**03－07**	**08－12**
$\ln P_{i,T-1}$ (β)	－0.095***	－0.104***	－0.074**	－0.419***	－0.404***	－0.397***
	(0.03)	(0.02)	(0.03)	(0.06)	(0.04)	(0.08)
$\ln P_{i,T-1}$	－0.168	0.00200	－0.290	－0.0920	0.0240	－0.176
	(0.12)	(0.04)	(0.18)	(0.08)	(0.03)	(0.12)
Outreach To The Poor						
ALBPBGNI				－0.168***	－0.161***	－0.169***
				(0.05)	(0.04)	(0.06)
PFB				1.002***	0.865***	1.025***
				(0.13)	(0.11)	(0.17)
Financial Performance						
Write－Off Rate				－1.449***	－0.829	－1.282**
				(0.42)	(0.88)	(0.53)

① 作为稳健性检验，笔者利用 β －convergence 和 σ －convergence 检验地区子样本的社会责任生产力收敛现象。除LAC外，所有区域都存在 β －convergence 和 σ －convergence 的收敛现象。这一结果与描述分析的发现一致，即在四个区域子样本中，只有LAC区域小额信贷机构的社会责任生产力边界在整个10年期间保持不变。这一结果表明，10年间，LAC地区的小额信贷市场在帮助极端贫困人口方面进展有限。这些测试的结果可根据读者的要求提供。

续表

Independen Variables	Dependent Variable: $\Delta \ln P_{i,T}$					
	Convergence without Control (β_{WC})			Convergence with Controls (β_C)		
	(1)	(2)	(3)	(4)	(5)	(6)
	03 - 12	03 - 07	08 - 12	03 - 12	03 - 07	08 - 12
Return of Equity				0. 0340	0. 0140	0. 089 **
				(0. 03)	(0. 02)	(0. 04)
Location (Reference Group: SEAP)						
LA				-0. 085 ***	-0. 096 **	-0. 069 *
				(0. 03)	(0. 05)	(0. 04)
MEA				-0. 088 **	-0. 077 **	-0. 0780
				(0. 04)	(0. 04)	(0. 06)
EECA				0. 059 *	0. 096 *	0. 0340
				(0. 03)	(0. 05)	(0. 04)
No. of Clients (Reference Group: Small Outreach)						
Medium Outreach				0. 185 ***	0. 222 ***	0. 149 ***
				(0. 04)	(0. 04)	(0. 05)
Large Outreach				0. 262 ***	0. 276 ***	0. 243 ***
				(0. 06)	(0. 04)	(0. 07)
Age (Reference Group: New)						
Young				0. 235 ***	0. 232 ***	-0. 300
				(0. 08)	(0. 06)	(0. 37)
Mature				0. 0400	0. 0530	-0. 122
				(0. 05)	(0. 03)	(0. 19)
Ownership (Reference Group: NGO)						
CUCO				-0. 0260	-0. 0370	-0. 0200
				(0. 07)	(0. 05)	(0. 12)
NBFI				0. 231 ***	0. 238 ***	0. 231 ***
				(0. 05)	(0. 07)	(0. 06)

续表

Independen Variables	Dependent Variable: $\Delta \ln P_{i,T}$					
	Convergence without Control (β_{wc})			Convergence with Controls (β_c)		
	(1)	(2)	(3)	(4)	(5)	(6)
	03 – 12	03 – 07	08 – 12	03 – 12	03 – 07	08 – 12
Bank				0.088***	0.059*	0.092***
				(0.02)	(0.03)	(0.03)
Constant	0.398***	0.480***	0.274*	1.048***	1.091***	0.928***
	(0.13)	(0.09)	(0.15)	(0.20)	(0.14)	(0.27)
No. of Observations	1368	513	855	1231	463	768
R^2	0.0900	0.0720	0.133	0.322	0.373	0.337
Adjusted R^2	0.0890	0.0690	0.131	0.313	0.350	0.323
F statistics	6.809	12.76	2.669	10.36	8.004	5.926

注：① $\Delta \ln P_{i,T} = \ln P_{i,T} - \ln P_{i,T-1}$；$\Delta \ln P_{i,T-1} = \ln P_{i,T-1} - \ln P_{i,T-2}$。②括号内为稳健标准差（*、**、***分别表示在10%、5%和1%的水平显著）。

表2-4 社会责任生产力σ-convergence检验（全球样本）

Independent Variables	Dependent Variable: $\Delta \ln S_{i,T}$		
	Global Average		
	(1)	(2)	(3)
	03 – 12	03 – 07	08 – 12
$\ln S_{i,T-1}(\sigma)$	−0.095***	−0.104***	−0.075**
	(0.03)	(0.02)	(0.03)
$\Delta \ln S_{i,T-1}$	−0.174	0.00200	−0.291
	(0.13)	(0.04)	(0.19)
Constant	−0.031**	−0.024*	−0.035**
	(0.01)	(0.01)	(0.01)
No. of Observations	1368	513	855
R^2	0.0940	0.0720	0.134
Adjusted R^2	0.0920	0.0680	0.132

续表

Independent Variables	Dependent Variable: $\Delta\ln S_{i,T}$		
	Global Average		
	(1)	(2)	(3)
	03 - 12	03 - 07	08 - 12
F statistics	6.564	12.45	2.681

注：① $\Delta\ln S_{i,T} = \ln S_{i,T} - \ln S_{i,T-1}$；$\Delta\ln S_{i,T-1} = \ln S_{i,T-1} - \ln S_{i,T-2}$。②括号内为稳健标准差（*、**、***分别表示在10%、5%和1%的水平显著）。

2.4.3 财务利润收敛现象和社会责任收敛现象的分解

作为本章分析的最后一步，我们将小微金融机构生产力的绝对收敛现象和条件收敛现象分解为经营效率变化、资本密集度变化和技术创新变化。如前所述，这些组成部分对应着小微金融机构的学习效应、资本深化效应和创新效应。笔者检验了这三种要素在10年间分别对财务利润生产力收敛和社会责任生产力收敛的作用。

表2-5展示了财务利润生产率收敛现象的决定因素。在10年间，这三个因素都对财务利润生产力的趋同做出了贡献，因为它们的系数在两个子期间均显著为负。

表2-5 财务盈利生产力分解（全球样本）

Independent Variables	Decomposition without Controls			Decomposition with Controls		
	(1)	(2)	(3)	(4)	(5)	(6)
	Learning	Capital Deepening	Innovation	Learning	Capital Deepening	Innovation
$\log\left(\frac{P_{i,0}}{P_{i,a}}/\frac{P_{L,0}}{P_{L,0}}\right)$	-0.112***			-0.092***		
	(0.01)			(0.01)		
$\log(P_{i,a}/P_{L,a})$		-0.470***	-0.223***		-0.463***	-0.239***
		(0.08)	(0.02)		(0.08)	(0.02)
Outreach To The Poor						
ALBPBGNI				-0.0110	0.0130	0.012*
				(0.02)	(0.01)	(0.01)

续表

Independent Variables	Decomposition without Controls			Decomposition with Controls		
	(1)	(2)	(3)	(4)	(5)	(6)
	Learning	Capital Deepening	Innovation	Learning	Capital Deepening	Innovation
PFB				-0.176**	-0.072*	0.00100
				(0.07)	(0.04)	(0.02)
Financial Performance						
Write - Off Rate				1.280**	0.101	-0.328**
				(0.52)	(0.30)	(0.17)
Return of Equity				-0.116***	0.0280	0.00300
				(0.03)	(0.03)	(0.02)
Location (Reference Group: SEAP)						
LA				-0.0390	-0.0640	-0.0140
				(0.06)	(0.04)	(0.02)
MEA				0.0610	0.0270	-0.00600
				(0.04)	(0.03)	(0.01)
EECA				-0.0300	0.00600	-0.0120
				(0.06)	(0.03)	(0.02)
No. of Clients (Reference Group: Small)						
Medium Outreach				-0.0270	0.0250	0.0100
				(0.04)	(0.03)	(0.01)
Large Outreach				0.101***	0.0260	-0.00400
				(0.04)	(0.02)	(0.01)
Age (Reference Group: New)						
Young				-0.219***	-0.111	0.0180
				(0.08)	(0.08)	(0.03)
Mature				-0.232***	-0.059*	0.036**
				(0.04)	(0.03)	(0.02)

续表

Independent Variables	Decomposition without Controls			Decomposition with Controls		
	(1)	(2)	(3)	(4)	(5)	(6)
	Learning	Capital Deepening	Innovation	Learning	Capital Deepening	Innovation
Ownership (Reference Group: NGO)						
CUCO				0.00800	0.038 *	0.0130
				(0.05)	(0.02)	(0.01)
NBFI				0.103 *	0.049 **	0.0110
				(0.06)	(0.02)	(0.01)
Bank				-0.0130	-0.0170	0.00400
				(0.04)	(0.02)	(0.01)
Constant	-0.208 ***	0.876 ***	0.966 ***	-0.0770	0.911 ***	0.950 ***
	(0.01)	(0.03)	(0.01)	(0.07)	(0.05)	(0.02)
No. of	1539	1539	1539	1348	1348	1348
R^2	0.0710	0.250	0.290	0.111	0.271	0.318
Adjusted R^2	0.0700	0.250	0.290	0.101	0.263	0.311
Fstatistics	98.08	31.56	139.2	11.16	4.431	13.02

注：括号内为稳健标准差（*、**、***分别表示在10%、5%和1%的水平显著）。

三个决定因素中学习效应的系数绝对值最小，即无控制变量回归中的0.112和控制变量回归中的0.092。这表明在学习领先的小微金融机构的经营技术方面，财务利润生产力较低的小微金融机构获益最少。

表2-5显示，资本深化对促进整个10年期间的财务盈利生产力收敛现象最重要，无控制变量分解的系数绝对值为0.470，有控制变量分解的系数绝对值为0.463。这表明财务利润生产力落后的小微金融机构通过提升资本密集度，成功缩小了与领先机构的生产力差距。资本深化的重要作用表明，由于小额信贷行业在2008—2012年的商业化，机构的目标转变为提供更多的资本密集型服务来实现更高的财务利润生产力。

技术创新效应的系数绝对值较大（分别为0.223和0.239），说明创新对促进财务盈利生产力收敛现象具有重要意义，即这一时期技术创新对财务盈利生产力收敛具有显著影响。

表 2－6 为社会责任生产力收敛现象的分解结果。结果表明，学习效应和资本深化是收敛现象的主要驱动力，而技术创新对社会责任生产力收敛的贡献有限。10 年间，资本深化显然是社会责任生产力收敛的最重要驱动力，无控制变量模型中的绝对系数为 0.598，有控制变量模型中的绝对系数为 0.667。向领先小微金融机构学习也在一定程度上贡献了绝对收敛和条件收敛（系数分别为 0.105 和 0.130）。

实证分析结果与前一节的描述性分析结果相吻合。描述性分析展示了小额信贷行业在过去 10 年中在社会责任绩效方面取得的进步有限，多数小微金融机构都经历了资本深化的过程。与此同时，笔者发现小微金融机构的社会责任绩效的进步似乎对资本深化并不敏感。收敛现象分解检验的结果表明，资本深化对小微金融机构的贡献高于向领先的小微金融机构学习的效应和技术提升的作用。

表 2－6 社会责任生产力分解（全球样本）

Independent Variables	Decomposition without Controls			Decomposition with Controls		
	(1)	(2)	(3)	(4)	(5)	(6)
	Learning	Capital Deepening	Innovation	Learning	Capital Deepening	Innovation
$\log\left(\frac{P_{i,0}}{P_{i,a}} / \frac{P_{L,0}}{P_{L,0}}\right)$	−0.105 ***			−0.130 ***		
	(0.01)			(0.01)		
$\log(P_{i,a}/P_{L,a})$		−0.598 ***	0.088 ***		−0.667 ***	0.044 *
		(0.08)	(0.02)		(0.09)	(0.02)
Outreach To The Poor						
ALBPBGNI				−0.056 **	−0.0110	0.017 *
				(0.03)	(0.03)	(0.01)
				0.0340	−0.0770	−0.063 **
				(0.08)	(0.08)	(0.03)
Financial Performance						
Write－Off Rate				−0.663	1.718 **	−0.245
				(0.54)	(0.68)	(0.17)

续表

Independent Variables	Decomposition without Controls			Decomposition with Controls		
	(1)	(2)	(3)	(4)	(5)	(6)
	Learning	Capital Deepening	Innovation	Learning	Capital Deepening	Innovation
Return of Equity				0.00300	-0.0420	0.00300
				(0.04)	(0.03)	(0.01)
Location (Reference Group: SEAP)						
LA				-0.0450	-0.0670	-0.0200
				(0.05)	(0.06)	(0.03)
MEA				-0.072**	0.0250	-0.00500
				(0.04)	(0.05)	(0.02)
EECA				0.00800	0.00700	0.0260
				(0.05)	(0.05)	(0.02)
No. of Clients (Reference Group: Small Outreach)						
Medium Outreach				0.063*	-0.0630	0.00900
				(0.04)	(0.04)	(0.02)
Large Outreach				0.118***	-0.0400	-0.0170
				(0.04)	(0.04)	(0.02)
Age (Reference Group: New)						
Young				0.0250	0.0210	0.0230
				(0.08)	(0.10)	(0.03)
Mature				-0.071*	0.0330	0.0120
				(0.04)	(0.04)	(0.01)
Ownership (Reference Group: NGO)						
CUCO				-0.0600	0.0670	0.033*
				(0.05)	(0.05)	(0.02)
NBFI				0.0160	0.0120	0.042**
				(0.06)	(0.06)	(0.02)

续表

Independent Variables	Decomposition without Controls			Decomposition with Controls		
	(1)	(2)	(3)	(4)	(5)	(6)
	Learning	Capital Deepening	Innovation	Learning	Capital Deepening	Innovation
Bank				0.0440	-0.0290	-0.0120
				(0.03)	(0.04)	(0.02)
Constant	0.078 **	1.195 **	1.010 **	0.148 **	1.239 **	1.040 **
	(0.03)	(0.02)	(0.01)	(0.07)	(0.07)	(0.03)
No. of Oberva - tions	1536	1020	1020	1345	911	911
R^2	0.0820	0.136	0.0200	0.100	0.177	0.0560
Adjusted R^2	0.0810	0.136	0.0190	0.0900	0.163	0.0400
F statistics	117.5	61.95	15.47	10.06	5.186	4.476

注：括号内为稳健标准差（*、**、***分别表示在10%、5%和1%的水平显著）。

笔者对区域子样本进行了同样的分解分析，以确定财务利润和社会责任生产力收敛的来源①。结果表明，在所有区域样本中，资本深化是财务利润生产力收敛和社会责任生产力收敛的主要原动力。在大多数地区，向领先的小微金融机构学习是生产力趋同的第二大驱动力，尤其是在社会责任生产力收敛方面。这些结果与使用全球样本的结果基本一致。

2.5 结 论

本章探究了2003—2012年小额信贷市场的变化趋势，以及该趋势在多大程度上影响了小微金融机构的经营模式及其社会责任绩效和财务利润绩效。基于2003—2012年59个发展中国家的171家小微金融机构的平衡面板数据，笔者应用跨时期DEA模型，分析了小微金融机构的财务盈利生产力和社会责任生产力在10年间的收敛现象。本章以创新性的方式为探索21

① 此结果可根据读者的要求提供。

世纪初小额信贷行业重大变化的影响提供了深入的检验。

我们的研究结果表明，过去10年间，小微金融行业的财务利润生产力和社会责任生产力均有所提升，特别是在财务利润生产力方面提升效果显著。检验发现，在这10年的前半段中，小微金融机构的资本密集度上升速度相当强劲。这一资本深化过程是落后机构向领先机构学习并应用现有技术创新的先决条件。分析中，笔者观测到小微金融的学习过程主要发生在后半段。此外，技术创新推动行业生产力边界的位移同样发生在2006年以后。社会责任生产力的变动趋势与财务利润生产力变动趋势相似，但变动程度相对较低。总体来说，社会责任生产力的提高幅度低于财务利润生产力的提高幅度。

首先，笔者认为，小额信贷行业出现的商业化进程是推动小微金融机构财务利润生产力和社会责任生产力变动趋势的主要原因。对财务盈利能力重视度的提升，导致小微金融机构对私人投资的兴趣日渐浓厚，同时也促使机构转变其经营重心和商业模式。这些变化将客户群体由传统的贫困人群转变为相对富裕的群体，同时使机构重点发展利润率更高的金融服务。小额信贷文献将机构的经营重心由社会责任目标转变为财务盈利目标的现象称为使命漂移（Copestake，2007；Mersland 和 Strøm，2010）。本章的研究为这种转变提供了经验证据。

其次，笔者检验小微金融行业的生产力是否发生收敛效应，即落后的小微金融机构是否在财务利润和社会责任方面的生产力不断地接近领先的机构。基于β - convergence 和σ - convergence 检验，笔者证明2003—2012年小额信贷行业出现了生产力收敛现象。换言之，相较于领先的小微金融机构，落后机构提高生产力的幅度更高，速度更快。这说明小微金融机构成功经营的战略产生了溢出效应，同时也是行业内商业化的结果。由于竞争激烈，小微金融机构迫于压力寻求提高业绩的方法。

最后，我们使用分解分析考察小微金融机构运营效率提升、资本密集度提升和技术创新的应用为行业生产力收敛效应做出的贡献。研究结果在很大程度上证实了对财务利润和社会责任生产力收敛趋势的分析，即资本深化是生产力趋同的最重要因素，然后是学习效应。技术创新的贡献相对较小，尤其是对社会责任生产力收敛的贡献。

笔者对小微金融机构绩效动态的变化趋势进行分析以及对绩效收敛源

头进行识别，有助于更好地理解小微金融机构如何以更低的成本提供更好的服务来帮助贫困客户。因此，本书中讨论的结果可能会帮助小微金融机构的管理层、资金捐助者、银行和小微金融机构从业者开展决策，进而引导小微金融机构提供完善的金融服务，以达到更高水平的财务利润绩效和社会责任绩效。

参考文献

[1]Ahamed M. M., Mallick S. K. Is financial inclusion good for bank stability? International evidence[J]. Journal of Economic Behavior & Organization, 2019, 159: 403 - 427.

[2]Ahlin C., Lin J., Maio M. Where does microfinance flourish? microfinance institution performance in macroeconomic context[J]. Journal of Development Economics, 2010, 952:1 - 120.

[3]Andries A. M., Capraru B. The nexus between competition and efficiency: The European banking industries experience[J]. International Business Review, 2014, 23: 566 - 579.

[4]Armendáriz B., Morduch J. The economics of microfinance[M]. Cambridge MA: MIT press, 2010.

[5]Aubert C., Janvry A., Sadoulet E. Designing credit agent incentives to prevent mission drift in pro - poor microfinance institutions[J]. Journal of Development Economics, 2009, 90: 53 - 162.

[6]Banker R. D., Charnes A., Cooper W. W. Some models for estimating technical and scale inefficiencies in data envelopment analysis[J]. Management Science, 1984, 30: 1078 - 1092.

[7]Basu S., Weil D. N. Appropriate technology and growth[J]. Quarterly Journal of Economics, 1998, 113: 1025 - 1054.

[8]Baumol W. J. Productivity growth, convergence, and welfare: What the long - run data show[J]. American Economic Review, 1986, 76: 107 2 - 1085.

[9]Bassem B. S. Efficiency of microfinance institutions in the Mediterranean: an application of DEA[J]. Transition Studies Review, 2008, 15: 343 - 354.

[10]Bassem B. S. Total factor productivity change of MENA microfinance institutions: A Malmquist productivity index approach[J]. Economic Modelling, 2014, 39: 182 - 189.

[11]Berger A. N. , Humphrey D. B. Efficiency of financial institutions: international survey and directions for future research[J]. European Journal of Operational Research, 1997, 98: 175 - 212.

[12]Bibi K. Ahmad S. H. Productivity change in microfinance institutions in sarrc region: A Malmquist productivity index approach[J]. Journal of Business and Financial Affairs, 2015, 4: 1 - 7.

[13]Brown M. , Guin B. , Kirschenmann K. Microfinance banks and financial inclusion[J]. Review of Finance, 2015, 20: 907 - 946.

[14] Casu B. , Ferrari A. , Zhao T. Regulatory reform and productivity change in indian banking[J]. Review of Economics and Statistics, 2013, 95: 106 6 - 1077.

[15]Casu B. , Girardone C. Integration and efficiency convergence in EU banking markets[J]. Omega, 2010, 38: 260 - 267.

[16]Casu B. , Girardone C. , Molyneux P. Productivity change in european banking: a comparison of parametric and non - parametric approaches[J]. Journal of Banking & Finance, 2004, 28: 2521 - 2540.

[17]Caudill S. B. , Gropper D. M. , Hartarska V. Which microfinance institutions are becoming more cost - effective with time: Evidence from a mixture model[J]. Journal of Money, Credit and Banking, 2009, 41, 651 - 672.

[18]Charnes A. , Cooper W. W. , Rhodes E. Measuring the efficiency of decision making units[J]. European Journal of Operational Research, 1978, 2: 429 - 444.

[19]Christen R. P. Commercialization and Mission Drift: The Transformation of Microfinance in Latin America[R]. CGAP Occasional Paper No. 5. 2001, Washington, DC: CGAP.

[20]Collins D. , Morduch J. , Rutherford S. , Ruthven O. Portfolios of the poor: How the world's poor live on two dollars a day[M]. Princeton: Princeton University Press. 2009.

[21] Copestake J. Mainstreaming microfinance: Social performance management or mission drift? [J]. World Development, 2007, 35: 1721 - 1738.

[22] Cull R., Demirgüç - Kunt A, Morduch J. Financial performance and outreach: a global analysis of leading microbanks[J]. Economic Journal, 2007, 117: 107 - 133.

[23] Cull R., Demirgüç - Kunt A, Morduch J. Microfinance trade - offs: Regulation, competition and financing [J]. The Handbook of Microfinance, 2011a, 141 - 157.

[24] Cull R., Demirgüç - Kunt A, Morduch J. Does regulatory supervision curtail microfinance profitability and outreach? [J]. World Development, 2011b, 39: 949 - 965.

[25] Cull R., Morduch J. Financial performance and outreach: a global analysis of leading microbanks[J]. Economic Journal, 2010, 117: 107 - 133.

[26] D'Espallier B., Goedecke J., Hudon M., Mersland R. From NGOs to banks: Does institutional transformation alter the business model of microfinance institutions? [J]. World Development, 2017, 89: 19 - 33.

[27] Demirgüç - Kunt A., Klapper L. Measuring Financial Inclusion: Explaining Variation in Use of Financial Services Across and Within Countries[J]. Brookings Papers on Economic Activity, 2013, 279 - 340.

[28] El - Zoghbi M., Gähwiler B., Laurer K. Cross - border Funding of Microfinance[R]. CGAP Focus Notes 70, 2011, Washington DC: CGAP.

[29] Fall F., Akim A. M., Wassongma H. DEA and SFA research on the efficiency of microfinance institutions: A meta - analysis[J]. World Development, 2018, 107: 176 - 188.

[30] Fall F. L'efficience technique des institutions de microfinance en zone UEMOA[J]. Revue D'économie Politique, 2018, 128, 667 - 689.

[31] Färe R., Grosskopf S., Norris M., Zhang Z. Productivity growth, technical progress, and efficiency changes in industrialized countries[J]. American Economic Review, 1994, 84: 66 - 83.

[32] Färe R., Grosskopf S. Intertemporal production frontiers: With dynamic DEA. Massachusetts: Kluwer Academic Publishers. 1996.

[33] Färe R., Grosskopf S., Norris M. Productivity growth, technical progress, and efficiency change in industrialized countries: reply[J]. American Economic Review, 1997, 87: 1040 - 1044.

[34] Fernando N. A. Understanding and dealing with high interest rates on microcredit. Manila[R]. Asian Development Bank. 2006.

[35] Gebremichael B. Z., Rani D. L. Total factor productivity change of Ethiopian microfinance institutions mfis: A malmquist productivity index approach mpi[J]. European Journal of Business and Management, 2012, 4: 105 - 114.

[36] Gutiérrez - Nieto B., Serrano - Cinca C., Mar - Molinero C. Microfinance institutions and efficiency[J]. Omega. 2007, 35: 131 - 142.

[37] Gutiérrez - Nieto B., Serrano - Cinca C., Mar - Molinero C. Social efficiency in microfinance institutions[J]. Journal of the Operational Research Society, 2009, 60: 104 - 119.

[38] Haq M., Skully M., Pathan S. Efficiency of microfinance institutions: A data envelopment analysis[J]. Asia - Pacific Financial Markets, 2010, 17: 63 - 97.

[39] Helms B. Access for All: Building Inclusive Financial Systems[M]. Washington DC: CGAP. 2006.

[40] Hermes N., Hudon M. Determinants of the performance of microfinance institutions: A systematic review[J]. Journal of Economic Surveys, 2018, 32: 1383 - 1513.

[41] Hermes N., Lensink R., Meesters A. Outreach and efficiency of microfinance institutions[J]. World Development, 2011, 39: 938 - 948.

[42] Ho S. J., Mallick S. K. Does Institutional Linkage of Bank - MFI Foster Inclusive Financial Development Even in the Presence of MFI Frauds? [J]. Scottish Journal of Political Economy, 2017, 64: 283 - 309.

[43] Hulme D., Mosley P. Finance against poverty[M]. London: Routledge. 1996.

[44] Hulme D., Arun T. Microfinance: A Reader[M]. New York: Routledge. 2009.

[45] Kapoor M., Morduch J., Ravi S. From microfinance to m - finance

innovations case discussion: M – PESA[J]. Innovations: Technology, Governance, Globalization, 2007, 2: 82 – 90.

[46]Kar A. K. Does capital and financing structure have any relevance to the performance of microfinance institutions? [J]. International Review of Applied Economics, 2012, 26: 329 – 348.

[47]Kar A. K., Rahman S. Changes in total factor productivity and efficiency of microfinance institutions in the developing world: A non – parametric approach[J]. Economic Analysis and Policy, 2018, 60: 103 – 118.

[48]Ketley R., Davis B., Truen S. An inter – country survey of the relative costs of bank accounts[R]. FinMark Trust. 2005.

[49]Kumar S., Russell R. R. Technological change, technological catch – up, and capital deepening: relative contributions to growth and convergence[J]. American Economic Review, 2002, 92: 527 – 548.

[50]Lebovics M., Hermes N., Hudon M. Are financial and social efficiency mutually exclusive? A case study of vietnamese microfinance institutions [J]. Annals of Public and Cooperative Economics, 2016, 87: 55 – 77.

[51]Li K., Lin B. Measuring green productivity growth of Chinese industrial sectors during 1998 2011 [J] China Economic Review, 2015, 36: 279 – 295.

[52]Li L. Financial inclusion and poverty: The role of relative income[J]. China Economic Review, 2018, 52: 165 – 191.

[53]Los B., Timmer M. P. The 'appropriate technology' explanation of productivity growth differentials: An empirical approach[J]. Journal of Development Economics, 2005, 77: 517 – 531.

[54]Lützenkirchen C., Weistroffer C. Microfinance in evolution: An industry between crisis and advancement[R]. Deutsche Bank Research, September. 2012.

[55]Maes J. P., Reed L. R. State of the Microcredit Summit Campaign report 2012[R]. Washington, DC: Microcredit Summit Campaign. 2012.

[56]Mamatzakis E., Staikouras C., Koutsomanoli – Filippaki A. Bank efficiency in the new European Union member states: Is there convergence? [J].

International Review of Financial Analysis, 2008,17:1156 - 1172.

[57] Matthews K., Zhang N. Bank productivity in China 1997 - 2007: Measurement and convergence [J]. China Economic Review, 2010, 21: 617 - 628.

[58] McKim A., Hugart M. Staff incentive schemes in practice: Findings from a global survey of microfinance institutions [R]. Microfinance Network. 2005.

[59] Mersland R, Strøm R Ø. Performance and governance in microfinance institutions[J]. Journal of Banking & Finance, 2009, 33: 662 - 669.

[60] Mersland R, Strøm R Ø. Microfinance mission drift? [J]. World Development, 2010, 38: 28 - 36.

[61] Mia M. A., Soltane B. I. B. Productivity and its determinants in microfinance institutions MFIs: Evidence from South Asian countries[J]. Economic Analysis and Policy, 2016, 51: 32 - 45.

[62] Mia M. A., Chandran V. G. R. Measuring financial and social outreach productivity of microfinance institutions in Bangladesh[J]. Social Indicators Research, 2016, 127: 505 - 527.

[63] O' Donnell J., Cristopher D., Prasada R. S., Battese G. E. Metafrontier Frameworks for the Study of Firm - Level Efficiencies and Technology Ratios[J]. Empirical Economics, 2008, 34: 231 - 255.

[64] Oh D. H., Heshmati A. A sequential malmquist - luenberger productivity index: environmentally sensitive productivity growth considering the progressive nature of technology[J]. Energy Economics, 2010, 32: 1345 - 1355.

[65] Piot - Lepetit I., Nzongang J. Financial sustainability and poverty outreach within a network of village banks in Cameroon: a multi - DEA approach [J]. European Journal of Operational Research, 2014, 234: 319 - 330.

[66] Prior F., Argandoña A. Credit accessibility and corporate social responsibility in financial institutions: The case of microfinance[J]. Business Ethics: A European Review, 2009, 18: 349 - 363.

[67] Ray S. C., Desli E. Productivity growth, technical progress, and efficiency change in industrialised countries: Comment[J]. American Economic Re-

view, 1997, 87: 1033 -1039.

[68]Rhyne E., Otero M. Microfinance through the next decade: Visioning the who, what, where, when and how[M]. Boston, MA: ACCION International. 2006.

[69]Rubin D. B. Inference and Missing Data[J]. Biometrika, 1976, 63: 581 -592.

[70]Rubin D. B. Multiple Imputation for Nonresponse in Surveys[M]. New York: John Wiley & Sons. 1987.

[71]Sarker D. Pressure on loan officers in microfinance institutions: An ethical perspective[J]. Journal of Economics and Sustainable Development, 2013, 4: 84 -89.

[72]Schreiner M. Aspects of outreach: A framework for discussion of the social benefits of microfinance[J]. Journal of International Development, 2002, 14: 591 -603.

[73]Shestalova V. Sequential Malmquist indices of productivity growth: an application to OECD industrial activities[J]. Journal of Productivity Analysis, 2003, 19: 211 -226.

[74]Tulkens H., Van den Eeckaut P. Non - parametric efficiency, progress and regress measures for panel data: Methodological aspects[J]. European Journal of Operational Research, 1995, 80: 474 -499.

[75]Timmer M. P., Los B. Localized innovation and productivity growth in Asia: An intertemporal DEA approach[J]. Journal of Productivity Analysis, 2005, 23: 47 -64.

[76]Vanroose A., D'Espallier B. Do microfinance institutions accomplish their mission? Evidence from the relationship between traditional financial sector development and microfinance institutions' outreach and performance[J]. Applied Economics, 2013, 45: 1965 -1982

[77]Weill L. Convergence in banking efficiency across European countries[J]. Journal of International Financial Markets, Institutions & Money, 2009, 19: 818 -833.

[78]Widiarto I., Emrouznejad A. Social and financial efficiency of Islamic

microfinance institutions: A Data Envelopment Analysis application[J]. Socio – Economic Planning Sciences, 2015, 50: 1 – 17.

[79] Widiarto I., Emrouznejad A., Anastasakis L. Observing choice of loan methods in not – for – profit microfinance using data envelopment analysis [J]. Expert Systems with Applications, 2017, 82: 278 – 290.

[80] Wijesiri M., ViganòL., Meoli M. Efficiency of microfinance institutions in Sri Lanka: a two – stage double bootstrap DEA approach[J]. Economic Modelling, 2015, 47: 74 – 83.

[81] Wijesiri. M, Meoli M. Productivity change of microfinance institutions in Kenya: A bootstrap Malmquist approach[J]. Journal of Retailing and Consumer Services, 2015, 25: 115 – 121.

[82] Wijesiri M., Yaron J., Meoli M. Assessing the financial and outreach efficiency of microfinance institutions: Do age and size matter? [J]. Journal of Multinational Financial Management, 2017, 40: 63 – 76.

[83] Woltjer P. J. The roaring thirties: Productivity growth and technological change in Great Britain and the United States during the early Twentieth Century[D]. SOM Theses in Economics and Business, Groningen: University of Groningen. 2013.

[84] Yimga J. Microfinance expansion and its effects on cost efficiency[J]. The Quarterly Review of Economics and Finance, 2018, 69: 205 – 216.

[85] Zhang C., Liu H., Bressers H. T. A., Buchanan K. S. Productivity growth and environmental regulations – accounting for undesirable outputs: analysis of China's thirty provincial regions using the Malmquist – Luenberger index [J]. Ecological Economics, 2011, 70: 2369 – 2379.

[86] Zhang N., F. Kong, Y. Choi. Measuring sustainability performance for China: a sequential generalized directional distance function approach[J]. Economic Modelling, 2014, 41: 392 – 397.

附录列表

表 A.1 变量定义及来源

Variable	变量名称	变量定义
Assets	总资产	机构净资产总额 来源:MIX Market 在线数据库
Personnel	全体职员	机构员工总数 来源:MIX Market 在线数据库
Gross Loan Portfolio	贷款总额	所有未偿还的客户贷款。这包括流动贷款、拖欠贷款和重新商定的贷款,但不包括已注销的贷款,也不包括应收利息。 来源:MIX Market 在线数据库
Number of Active Borrowers	活跃借款人数量	当前有未偿还的贷款余额的个人或公司的数量。拥有多笔贷款的个人应被视为单一借款人。 来源:MIX Market 在线数据库
Capital Per Worker	资本–劳动力比率	机构的资本密集度,计算方式为总资产除以员工个数。 来源:笔者计算
Financial Productivity	财务利润生产力	机构贷款总额除以员工总数。 来源:笔者计算
Social Productivity	社会责任生产力	女性借款人总数除以员工总数。 来源:笔者计算
Non–Bank Financial Institution	非银行金融机构	虚拟变量标识提供类似于银行服务的济农机构,但该机构的许可证有别于银行。单独的许可证可能是由于较低的资本要求、对金融服务提供的限制或在不同的国家机构下的监管。在一些国家,这相当于为小微金融机构设立的一个特殊类别。 来源:MIX Market 在线数据库
Credit Union/ Cooperative	信用合作社	虚拟变量标识一个非营利性的、会员制的金融中介机构。它可以为会员提供一系列金融服务,包括贷款和存款业务。虽然不受国家银行监管机构的监管,但它可能受到地区或国家合作委员会的监管。 来源:MIX Market 在线数据库

续表

Variable	变量名称	变量定义
Non – Government Organization	非政府组织	虚拟变量标识为非营利性组织。它的金融服务通常更受限制，通常不包括存款。这些机构通常不受银行监管机构的监管。 来源：MIX Market 在线数据库
Bank	银行	虚拟变量标识由国家银行监管机构监管的持牌金融中介机构。它可以提供多种金融服务中的任何一种，包括存款、贷款、支付服务和转账。 来源：MIX Market 在线数据库
Latin America and The Caribbean	拉丁美洲和加勒比（LAC）	虚拟变量标识位于拉丁美洲或加勒比的小微金融机构。 来源：MIX Market 在线数据库
Eastern Europe and Central Asia	东欧和中亚（EECA）	虚拟变量标识位于东欧和中亚的小微金融机构。 来源：MIX Market 在线数据库
South East Asia and the Pacific	东南亚和太平洋地区（SEAP）	虚拟变量标识位于东南亚和太平洋地区的小微金融机构。 来源：MIX Market 在线数据库
Middle East and Africa	中东和非洲（MEA）	虚拟变量标识位于中东和非洲的小微金融机构。 来源：MIX Market 在线数据库
Average Loan Balance Per Borrower Divided by the Gross National Income per Capita	平均贷款规模与该国人均国民总收入的比值	该变量指机构根据当地经济状况调整的平均贷款规模。平均贷款规模的计算方法是贷款总量除以其活跃借款人的数量。ALBPBGNI 是平均贷款规模与该国人均国民总收入的比值。 来源：MIX Market 在线数据库
Percentage of Female Borrowers	女性借款人比率	活跃的女性借款者数量除以总借款者数量。 来源：MIX Market 在线数据库

续表

Variable	变量名称	变量定义
Write – Off Ratio	冲销率	冲销是指机构冲销的贷款总额。冲销率的定义是冲销贷款量除以机构贷款总额。 来源：MIX Market 在线数据库
Return on Equity	净资产收益率	经营净收入除以总股本。 来源：MIX Market 在线数据库
Small Outreach	小型经营规模	经营规模基于机构服务的客户总数。当机构服务少于1万个客户机时，小型经营规模的虚拟变量等于1，否则为0。 来源：MIX Market 在线数据库
Medium Outreach	中型经营规模	当机构服务客户数介于1万~3万之间时，中型经营规模的虚拟变量等于1，否则为0。 来源：MIX Market 在线数据库
Large Outreach	大型经营规模	当机构服务客户数超过3万时，大型经营规模的虚拟变量等于1，否则为0。 来源：MIX Market 在线数据库
New	新机构	年龄虚拟变量明确机构建立后持续时间长度。当MFI运行少于5年时，新机构的虚拟变量等于1，否则为0。 来源：MIX Market 在线数据库
Young	成长机构	当MFI运行高于5年少于8年时，成长机构的虚拟变量等于1，否则为0。 来源：MIX Market 在线数据库
Mature	成熟机构	当MFI运行高于超过8年时，成熟机构的虚拟变量等于1，否则为0。 来源：MIX Market 在线数据库

表 A.2　原始样本描述性统计（非平衡面板）和本章使用样本描述性统计（平衡面板）

Variables	Using Sample (Balanced)						Full Sample (Unbalanced)				
	Number of Observations	Mean	Standard Deviation	Minimum	Maximum		Number of Observations	Mean	Standard Deviation	Minimum	Maximum
Assets	1710	$1.96*10^{7}$	$7.41*10^{7}$	2188	$1.04*10^{9}$		14435	$2.85*10^{7}$	$1.45*10^{9}$	$-3.96*10^{8}$	$1.69*10^{11}$
Labor	1710	680.7386	2471.08	5	34841		13799	395.2224	4184.128	0	263300
Gross Loan Portfolio	1710	$6.10*10^{7}$	$1.65*10^{8}$	19047	$1.86*10^{9}$		15261	$8.89*10^{7}$	$5.96*10^{9}$	0	$7.35*10^{11}$
No. of Active Borrowers	1710	126939	617897.5	156	6710000		14042	60066.2	372501.9	0	$1.42*10^{7}$
No. of Female Borrowers	1710	108035.9	609516.5	35	7805191		11031	44862.44	302285.8	0	6457033
Capital Per Worker	1710	26563.8	30120.57	61.87879	330132.6		13114	48065.6	734002.5	-674981.3	$6.63*10^{7}$
Financial Productivity	1710	100766.1	100628.6	907	739469.9		13693	131643.9	2871010	0	$2.88*10^{8}$
Social Productivity	1710	136.9187	89.41963	0.1018942	1387.943		13356	130.8686	206.9412	0	13708.81
ALBPBGNI	1704	0.576144	0.6815565	0.0028	4.9041		13876	1.600276	42.90146	0	3827.531
PFB	1710	0.658950	0.2350968	0.0025	1.250566		11031	0.648083	0.280239	0	6.6891

续表

Variables	Using Sample（Balanced）						Full Sample（Unbalanced）				
	Number of Observations	Mean	Standard Deviation	Minimum	Maximum		Number of Observations	Mean	Standard Deviation	Minimum	Maximum
Write - off Ratio	1591	0.018535	0.0302883	-0.0055	0.2999		9767	0.024723	0.2906873	-0.1268	25.7114
Return on Equity	1644	0.106900	0.437214	-9.8796	6.6009		11009	0.316774	35.52013	-1651	2726.667
New	1710	0.043860	0.2048427	0	1		15559	0.174947	0.379934	0	1
Young	1710	0.157310	0.3641992	0	1		15559	0.1965422	0.3973959	0	1
Mature	1710	0.798830	0.4009918	0	1		15559	0.550932	0.4974148	0	1
LA	1710	0.385965	0.4869648	0	1		15559	0.26467	0.4411715	0	1
MEA	1710	0.169591	0.3753826	0	1		15559	0.273411	0.4457243	0	1
EECA	1710	0.233918	0.4234446	0	1		15559	0.178996	0.3833614	0	1
SEAP	1710	0.210526	0.4078017	0	1		15559	0.282923	0.4504338	0	1
NGO	1710	0.397661	0.4895578	0	1		15559	0.349508	0.47683	0	1
CUCO	1710	0.070175	0.2555172	0	1		15559	0.187351	0.3902059	0	1
NBFI	1710	0.374269	0.4840752	0	1		15559	0.307539	0.4614894	0	1
Bank	1710	0.157895	0.3647489	0	1		15559	0.143518	0.3506118	0	1

注：附表 A.2 为 MIX Market 提供的完整样本和本章使用的样本提供了描述性统计。整个样本是一个非平衡的面板，涵盖了 1995—2013 年的 15559 个观测数据。笔者将原始样本删减为一个平衡面板，覆盖了 2003—2012 年 171 家小额信贷机构。

3 政治关联与银行贷款的获取：来自中国家庭的证据

3.1 引 言

转型经济体中的家庭在获取银行信贷过程中常常会遭遇障碍与约束，导致无法从事可获利的活动或促成其收入多样化(Aghion 和 Bolton,1997; Foltz, 2004; Boucher 等,2009;Ghosh 和 Vinod,2017)。信贷约束进一步限制了家庭利用金融工具平滑消费和改善福利的能力(Coleman,1999;Karlan 和 Morduch,2009; Li 等,2013;Karlan 等,2014)。家庭在获得贷款时面临的主要挑战之一，是银行在评估家庭贷款偿还概率时的信息不对称(Stiglitz 和 Weiss,1981)。家庭可以通过多种途径向银行展示他们的偿还能力来规避这一问题，一种方法是向银行提供有价值的抵押品(Bester,1985)。然而，对许多家庭来说，尤其是贫困人群，该方法有一定的难度，因为他们缺乏银行愿意接受作为抵押品的资产。因此，家庭需要寻找其他方式以规避获取信贷的障碍。

本章中，笔者重点关注家庭成员的政治关联，探索影响家庭信贷约束的决定因素。首先，笔者认为，政治关联可能会增强家庭获取贷款的信心，从而激发他们申请贷款的积极性。其次，当户主具有政治背景时，可以与银行官员建立私人关系，这种关系可能帮助户主向银行提供有关其自身信用状况的额外信息，从而对银行的贷款决定产生积极影响。虽然已有研究针对政治关系对公司获得银行信贷的重要性有所探讨(Khwaja 和 Mian,2005; Faccio,2006;Zhou,2009; Houston 等,2014;Feng 等,2015;Cheng,2018;Kung 和 Ma,2018)。据笔者所知，家庭政治关联在金融市场中的价值和影响还未被深入分析。

为了研究政治关联在家庭获得银行信贷方面的决定性作用,笔者使用了一项大型的中国家庭调查数据。该数据集包括样本家庭成员是否为中国政治党派成员的信息,笔者使用该信息分析党员身份是否增加了家庭获得银行贷款的可能性,分析政治关联在银行贷款分配中不同阶段的作用。具体而言,笔者研究了政治关联如何影响家庭申请银行贷款的积极性,以及如何影响银行批准家庭申请贷款的决定。在金融市场需求侧,家庭在申请贷款时可能会经历自我选择的过程,有政治关联的家庭可能比没有政治关联的家庭获取贷款的信心更足,因此申请的积极性更高。在金融市场供给侧方面,银行在分配贷款时可能会将申请者的政治背景信息作为筛选工具。在考察家庭获取银行贷款决定因素的研究中,只有少数学者将家庭申请贷款的决定(需求侧)以及银行批准申请的决定(供给侧)分离并分别进行探讨(Chakravarty 和 Xiang,2009;Cole 和 Sokolyk,2016),但尚无研究考察家庭政治关联在该过程中的作用。

本章使用的数据集是基于 2011 年中国人民银行(中央银行)和西南财经大学对中国 8438 户家庭的入户调查。该调查涵盖了 2010 年随机筛选的中国家庭的经济和金融活动等相关信息。笔者利用 Heckman Probit 两阶段模型考察了银行信用贷款需求侧和供给侧的独立决策过程,结果表明,政治关联一方面增强了家庭申请贷款的意愿,另一方面提升了家庭获得贷款的可能性。本章的分析说明,家庭的政治关联在银行配置信贷的全部过程中发挥着重要的作用。

本章的后续部分结构如下:第二节中,笔者回顾了相关的文献并提出假设。第三节中,笔者介绍了本章所使用的数据集。第四节中,笔者描述了本章所使用的计量统计方法。笔者在第五节中给出了实证结果,在第六节中得出了结论。

3.2 政治关联的重要性:一个文献综述

现有文献对于政治关联的优势在(上市)公司经营过程中所发挥的作用进行了诸多研究。多数公司在经营过程中均面临着资金约束和难以获得银行贷款等财务障碍。诸多研究表明,政治关联可以有效帮助企业缓解信贷约束,获得银行信贷(Khwaja 和 Mian,2005;Faccio,2006;Leuz 和 Oberholzer-Gee,2006;Claessens 等,2008;Zhou,2009;Feng 等,2014;Guo 等,2014;Infante 和 Piazza,2014;Feng 等,2015;Cheng,2018;Kung 和 Ma,2018)。事实证明,政治关联对于企业经营具有重要意义。研究表明,对于中国公司来说,政治关联提升了中央政府批准 IPO 的可能性(Liu 等,2013;Piotroski 和 Zhang,2014;Li 和 Zhou,2015;Chen 等,2017)。此外,具有政治关联的中国企业在上市过程中会获得更多的额外利益,如更高的发行价、更低的固定成本、税收优惠待遇、更多的政府补贴,以及通过企业并购等交易优先进入受管制行业(Francis 等,2009; Feng,2015)。Feng 等(2014)关注中国上市公司,他们发现,政治关系有助于公司上市后的股票价格提升和会计业绩优化。这些研究结果为公司积极发展政治关系提供了有力的解释(Yueh,2009;Feng 等,2015;Dong 等,2016;Banerji 等,2018)。

由于银行对家庭还款概率的估计存在信息不对称,申请贷款家庭往往很难获得银行贷款(Stiglitz 和 Weiss,1981)。虽然存在严重的信息不对称问题,但银行并不愿意在收集申请家庭信息活动上进行投资,一是因为家庭申请贷款的规模较小;二是因为银行收集信息的固定成本较高(Beck 等,2012)。该现象在新兴经济体和发展中经济体中尤为明显,因为这些国家的金融市场完善度较低,信息不对称问题更为普遍。如果家庭能够向银行提供有价值的抵押品,他们获得贷款的可能性就会增加。然而,对于新兴经济体的大多数家庭来说,提供抵押品也存在较大困难①。

处于信息不对称的金融市场中,家庭的另一个选择可能是建立政治关联或背景。拥有政治背景可能会间接影响银行的信贷分配决策。政治关联往往与政治权力有关,而后者是转型经济体市场中一个重要的影响因素(Khwaja 和 Mian, 2005;Faccio,2006;Fisman 和 Wang,2015;Asher 和 Novosad,2017;González 和 Prem,2018)。

本章旨在检验在中国背景下建立政治联系的重要性。具体而言,本章要解决的问题是政治关联能在多大程度上提升家庭获得银行贷款的可能性。当一个家庭的户主是共产党员或其他与政党有关的团体成员时,如民

① 例如,在发展中国家申请银行信贷时,土地是一种传统和普遍的抵押形式。然而在中国,土地是国有财产,法律不允许家庭使用它作为抵押品(Park 和 Ren,2001)。这加剧了家庭获得银行信贷的难度。

主党派或共产主义青年团成员，笔者将该家庭定义为政治关联家庭。多项研究表明，在转型经济中政府或执政党国有企业和金融市场参与行为对市场核心资源的影响巨大（McMillan, 1997；Chen 等，2017；Pan 和 Tian，2017）。

一个家庭的户主在政治上与政党有关联，表明户主有机会接触到政党官员，如地方官员或国有银行的管理层等。政治关联向家庭提供了参加政治活动的机会，如参加政治会议，并与党员、官员交流互动，从而丰富了家庭的社交网络（McLaughlin，2017）。接触这些政党官员意味着家庭有机会接触到与政治网络相关的核心社会资源（Cruz 等，2017；Fafchamps 和 Labonne，2017；Faccio 和 Hsu，2017）。换言之，这种互动机会可能会提升家庭获取银行贷款的可能性。此外，与党政官员建立关系可以帮助家庭克服监管约束，甚至获得政府的优惠待遇（Feng 等，2014；Kung 和 Ma，2018）。关于获得银行贷款的途径，与同时担任政党官员的银行管理层建立联系可能是家庭获得贷款的一种途径，有助于和银行工作人员进行沟通并成功获得贷款（Dickson，2003）[①]。

获取银行贷款的过程包括三个步骤（Cole 和 Sokolyk，2016）。首先，一个家庭必须明确是否需要银行贷款。这一明确过程可能与家庭的经济特征有关，如收入状况、消费和投资倾向等。此外，与社交网络成员的交流互动也影响着家庭认识到自身是否需要贷款，因为交流互动可能提升家庭使用金融服务的意识，增强其有关申请贷款的知识，以及建立使用银行信贷创造经济效益的思路（Okten 和 Osili，2004；Wydick 等，2011；Li，2018）。其次，需要银行贷款的家庭必须决定他们是否要申请银行贷款。现实中，部分家庭虽然有银行贷款需求，但由于自身缺乏抵押品或是认定银行会因为信息不对称（即无法正确评估家庭的还款能力）而拒绝他们的申请，家庭可能会选择不申请银行贷款，即自选择现象的出现。现有研究已通过对企业申请贷款

① 一个潜在的问题是，有贷款需求的家庭可能意识到，拥有政治关系会增加他们获得银行信贷的机会，因此他们可能建立政治关联（如成为党员），作为获得信贷的捷径。如果事实如此，笔者的分析就无法证明，有政治关联的家庭是因其政治成员的身份驱使而申请银行信贷的。然而，正如 Li 等（2008）所述，中国党派成员的形成须经历一个独特的选择过程，一般包括五个阶段：自我选择、政治参与、日常监督、闭门评估和预备考试。这一独特的过程一般需要三到四年的时间，在此期间，候选人必须不断努力，以达到党员的标准，如定期向党支部报告、在工作领域表现优异等。只有当地方支部的党员对候选人的评价积极时，候选人才被授予党员资格。因此，入党比申请银行贷款要花费更多的时间和精力，所以想通过成为党员以获得银行贷款的可能性较小。

行为的实证分析证明了自选择现象的重要影响。Cavalluzzo 等(2002)发现,近一半的家庭选择不申请银行贷款。Chakravarty 和 Xiang(2009)指出,1/3 的中小企业因预见到银行将拒绝其贷款申请而没有申请。Kon 和 Storey(2003),Han 等(2009)强调,信息不对称问题是阻碍受到信贷约束的公司不愿申请的主要原因,因为大多数公司难以向银行证明其信用水平和还款能力。Cole 和 Sokolyk(2016)估计,在未申请银行贷款的企业中,20% ~50% 的公司具备获批银行贷款的资信水平和还款能力,这表明信贷需求的自选择现象对银行贷款的分配影响巨大。

有政治关联的家庭申请银行信贷的积极性更强,因为他们可能认为自身比没有政治关联的家庭更有优势,因此更有信心通过银行针对贷款申请人的遴选过程。定期参加政治活动增加了政治关联家庭与党员(如银行官员)建立密切关系的机会。频繁地互动交流促进了家庭与银行管理层之间的相互信任,消除了信息不对称问题,从而增加了家庭获得贷款的可能性(Cole,1998;Feng 等,2015;Dong 等,2016;Banerji 等,2018)。因此,由于有政治关联的家庭申请银行贷款的动机更强,我们得出以下假设:

H1:在有银行贷款需求的群体中,有政治关联的家庭比没有政治关联的家庭申请贷款的可能性更高。

获取银行贷款的第三步是由银行对贷款申请人进行筛选。在这一步,信贷员收集申请人的社会背景、经济状况和申请贷款的原因等信息,其中一个重要信息来源是,申请人是否具备政治关联。对于银行而言,具备政治关联申请人的资信水平相对更高。因此,在贷款申请群体中,相对于无政治关联的家庭,有政治关联的家庭在申请贷款时具备一定的优势。如前所示,具有政治关联的家庭可以通过政治活动与其他的党员(包括银行管理层)发展私人关系。由于这种私人关系是建立在相互信任和支持的基础上的,可能增加家庭获得银行信贷的机会。更进一步地,银行官员可能决定向通过政治网络与他们建立关系的家庭提供信贷。换言之,有政治关联的申请人在申请贷款时可能会获得优惠待遇(Zhou,2009;Feng 等,2014;Kung 和 Ma,2018)。在银行筛选申请人的过程中,笔者预期有政治关联的申请人会得到优先待遇,并得出以下假设:

H2:有政治关联的家庭比没有政治关联的家庭获得银行贷款的可能性更高。

3.3 数据介绍

本章使用西南财经大学提供的“中国家庭金融调查”数据(CHFS),该调查由中国人民银行和西南财经大学于2011年联合开展,采用三阶段随机化的分层抽样策略,在全国范围内随机抽样受访家庭。

第一阶段,在25个省的2585个县中随机抽取80个县,覆盖了不同的地理区域,是一个包含足够的观测数据的代表性样本。

第二阶段是从80个县中随机抽取居民社区。CHFS的主要目的是收集家庭财务活动和金融活动的信息,由于城市家庭比农村居民更有可能参与金融活动,调查中城市人口的抽样权重相对较高。在入选的320个社区中,城乡社区比例为181∶139。

第三阶段从每个居民社区中随机抽取20户家庭进行入户调查。在每个阶段都采用概率与规模的比例法进行抽样,即所有抽样的县和社区都用人口规模加权。最终的数据集包含了中国8438个家庭的调查信息①。

CHFS涵盖了家庭非金融资产、金融资产、债务、保险、社会福利、收入和支出的信息。此外,它还收集了家庭成员的人口和工作特征的信息,包括性别、年龄、婚姻状况、教育程度、种族、政治派别、职业、工资以及参与农业和商业活动的情况。CHFS还包括家庭是否需要银行信贷、家庭是否决定申请银行融资以及银行是否接受家庭的贷款申请等数据。这些信息使笔者能够明确区分家庭的贷款申请行为和银行的贷款批准决定。以上信息的提供使得CHFS明显优于其他用于分析家庭金融行为或公司财务行为的数据集。有关贷款申请和贷款批准的问题只适用于部分家庭的子样本,即从事农业和/或商业活动的家庭样本,由3858户家庭组成。因此,笔者在实证检验中使用该子样本进行分析。

笔者通过调查中的两个问题来确定家庭使用银行信贷状况。第一个问题是被调查的家庭是否有用于商业和农业活动的银行贷款。回答“是”的家庭被标记为需要银行贷款、已申请贷款并已成功获得贷款;回答“不”的家庭需要在第二个问题中说明他们没有银行贷款的原因;第二个问题有四个可

① 该数据集最近已被应用于若干实证研究,例如,Lu和Turvey(2014),Zhu,Du和Zhang(2014),Liang和Guo等(2014),Chen和Wen(2017),Li(2018)。

选答案：①我不需要银行贷款；②我以前有过银行贷款，而且已经还清；③我需要银行贷款，但从来没有申请过；④我申请了银行贷款，但被拒绝了。基于对第二个问题的回答，我们将家庭分为以下几类：

(1)选择选项①的是不需要银行贷款的家庭；

(2)选择选项②的是需要银行贷款的家庭；

(3)选择选项③的家庭是那些需要银行贷款但决定不申请的家庭；

(4)选择选项④的家庭是那些需要银行信贷和申请贷款但被拒绝的家庭。

如图3-1所示，我们使用上述两个问题来识别银行信贷申请程序中的三个阶段。具体而言，第一阶段将3858个家庭的样本细分为需要银行贷款和不需要银行贷款两组。在第二阶段，需要银行贷款的家庭决定是否申请，笔者基于此将家庭分为申请组和非申请组。第三阶段，信贷员对申请人进行筛选；符合条件的银行将获得贷款，其他家庭将被银行拒绝。

图3-1显示了样本中约1/3的家庭表示他们需要银行贷款。然而，超过一半的家庭(54%)没有申请贷款。这表明，与有信贷需求但未申请的中小企业相比，中国家庭中有贷款需求但不申请贷款的比率更高(Cavalluzzo等，2002；Brown等，2009；Chakravarty和Xiang，2009；Cole和Sokolyk，2016)。在有贷款需求但未申请的家庭中，51%的人说他们没有申请的原因是他们认为自己申请获批的机会很小。这表明众多家庭缺乏通过银行遴选程序的信心，24%的人说他们难以接受银行的烦琐手续要求，13%的人说他们对申请程序缺乏了解，22%的人给出了其他原因。

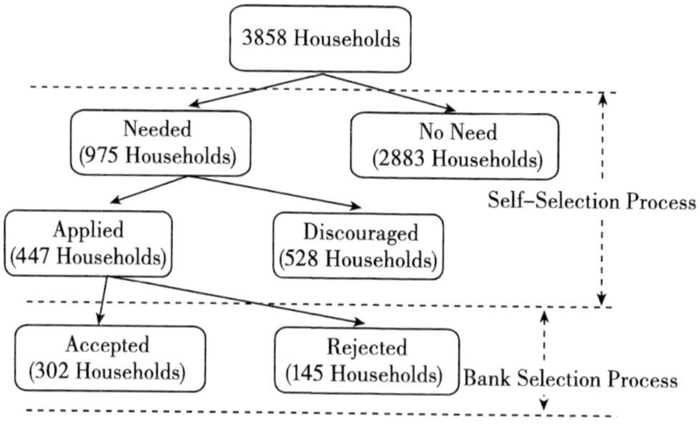

图3-1 银行贷款申请流程

在申请贷款的家庭中，68%获得了贷款。该调查还包括一个多项选择题，即针对那些申请银行贷款但被拒的家庭，询问他们未能通过筛选的原因。超过35%的被拒家庭表示，他们之所以没有成功，是因为他们没有来自个人或公司的担保；32%的人说他们的收入太低；26%的人说他们缺乏抵押品；17%的人说他们与信贷员没有私人关系。因此，家庭给出的未获得银行贷款的主观原因可以归为两种：经济状况不佳（包括收入或抵押品）和社会资源贫乏（缺乏他人的担保、与信贷员的关系不足）。后一种解释印证了以往关于社会资本的研究结果，即社会活动越频繁、社交网络越广的个人更有可能获得银行贷款（Okten 和 Osili，2004；Wydick 等，2011；Dufhues 等，2013；Feng 等，2015；Dong 等，2016；Banerji 等，2018）。

获得贷款的家庭证实了借款人和银行关系的重要性。CHFS 调查包括一个问题，即询问已获得贷款家庭选择该银行申请贷款的原因。大多数家庭回答他们没有其他选择（24%）或银行位于附近（24%）；23%的人表示，他们选择的主要原因是与银行有业务往来或与银行官员有私人关系。

3.4 实证模型

开展银行贷款分配决定因素的无偏检验应同时考虑到家庭的决策过程（金融市场需求侧）以及银行的决策过程（金融市场供给侧）。然而，在实证研究中很少考虑家庭申请贷款的决定（Han 等，2009），因为对该阶段决策进行检验所需的数据通常难以获取。幸运的是，本章数据中的信息使我们能够明确地考虑到有关贷款申请的家庭决策。因此，我们能够明确地考察政治关联在家庭自我选择过程中的作用（家庭的信贷需求阶段和信贷申请阶段），以及政治关联在银行决定信贷供给中的作用（银行对申请人信贷审批的决定）。

精确分析银行贷款分配过程的不同阶段非常重要，因为简单地比较有政治关联和没有政治关联的家庭之间获得银行贷款的比率差异会导致有偏的估计结果（Li 等，2007）。本章的实证分析中，笔者创建了三个哑变量。第一个是 Need Bank Loan，当一个家庭报告需要银行贷款时，该变量等于 1，否则等于 0。第二个哑变量是 Bank Loan Applied，它识别家庭申请贷款的决定，对于需要贷款并决定申请的家庭，该变量等于 1；对于不申请贷款的家庭，该变量等于0。第三个哑变量是Bank Loan Granted，明确银行的供给决策，对于申请并成功获得贷款的家庭，该变量等于1；对于申请但被拒绝的家庭，该变量等于0。我们利用这三个哑变量将银行的贷款分配过程分解为家庭的自选择过程和银行的筛选决策过程，并考察政治关联在这两个过程中所起的作用。

为了研究家庭自我选择过程的决定因素，我们需要同时考虑第一阶段（确定家庭对银行信贷的需求）和第二阶段（确定家庭申请贷款的行为决策），因为家庭申请贷款的行为取决于该家庭是否需要银行信贷。如果使用Probit模型对只包含需要银行信贷的家庭的样本进行回归可能会导致有偏的结果，因为该样本并不是随机形成的（Heckman，1979；Coady 等，2009）。未观察到的因素可能会同时影响家庭对贷款的需求和申请贷款的决定。为了控制可能的样本选择偏差，我们使用Heckman Probit模型（Van de Ven 和 Van Praag，1981；Das，2015），其中选择方程和结果方程设定如下：

$$Need\ Bank\ Credit_i = \alpha_1 + \beta_1\ Political\ Connection_i + X_i\beta + \delta_i \quad (3-1)$$

$$Bank\ Loan\ Apply_j = \alpha_2 + \theta_1\ Political\ Connection_j + Y_j\theta_2 + Mill's\ Ratio1 + \varepsilon_j \quad (3-2)$$

选择方程（1）基于Probit模型估计家庭i（=1，2，…，3858）需要银行贷款的可能性。*Political Connection* 是主要观测的变量。如果户主是共产党员或与之有关的政党成员，它的值为1，否则为0。X_i 是影响家庭 i 对银行信贷需求的控制变量向量。β_1 和 β 是待估计参数，α_1 是常数，δ_i 表示误差项。结果方程（2）基于Probit模型估计家庭j（=1，2，…，975）申请贷款的可能性。Y_i，θ_1，θ，α_2，ε_i 类似于选择方程（1）中的 X_i，β_1，β，α_1，δ_i。ε_i 和 δ_i 都假定为标准正态分布。

如上所述，未观察到的因素可能同时影响银行信贷的需求和申请银行贷款的行为，因为估算中使用的样本可能不是随机选择的。如果用基本的Probit模型估计方程（3－2），则可能引发内生性问题，因为方程（3－1）与方程（3－2）的残差项可能相关[即相关系数 $corr(\delta_i, \varepsilon_j) = \rho_1 \neq 0$]。Heckman Probit模型通过估计Inverse Mill's Ratio解决了样本选择偏差问题，该比率的估计基于误差项 ε_i 和 δ_i 之间的相关性，该比率估计得出后作为一个独立变量被加入结果方程（3－2）。Inverse Mill's Ratio的显著性水平代表了样本选择偏差是否存在。Inverse Mill's Ratio是显著的，表明 $\rho=0$ 的假设被拒绝,即选择性偏差存在于决策过程中。由于结果方程中的因变量是离散的选择变量,我们使用 Heckman Probit 模型代替了普通的 Heckman 模型。

Heckman 选择模型的一个重要特征是,必须使用一个或多个排除变量(Exclusion Variables)来估计选择方程,且这些排除变量不应该包括在结果方程中(Heckman 和 Navarro - Lozano, 2004)。在家庭的自选择过程中,排除变量应该与家庭对银行贷款的需求有关,且不与家庭申请贷款的决定有关。因此,笔者选取受访家庭居住社区中拥有银行账户家庭的百分比。这个变量展示了受访家庭与社区中拥有银行账户的家庭进行交流沟通的可能性。这种互动可以提高家庭对银行作为外部融资来源的认识,提升家庭对如何申请贷款的知识,以及增强家庭对使用银行信贷获取经济效益的意识(Okten 和 Osili, 2004;Wydick 等,2011)。因此,受访家庭居住社区中拥有银行账户家庭的百分比较高,则家庭的银行信贷需求就较高。

为了检验排除变量的有效性,我们使用一个简单的 Probit 模型来检查它与 *Need Bank Credit* 和 *Bank Loan Apply* 之间的相关性。结果表明,社区居民拥有银行账户的比例在 *Need Bank Credit* 模型中显著为正,而在 *Bank Loan Apply* 模型中不显著。因此,我们认为排除变量对家庭申请银行信贷的决策没有影响。

银行在决定向新客户或现有客户发放贷款时,会收集申请人有关经济条件和还款能力的信息,以核实申请人是否符合发放贷款的资格标准。与家庭自选择过程相类似,如果未观测到的因素同时影响到家庭申请贷款的决定和银行批准贷款的决定,那么申请贷款的家庭样本可能是非随机形成的。因此,在考察银行的放款决策时,我们再次采用 Heckman Probit 模型:

$$Bank\ Loan\ Apply_j = \alpha_3 + \gamma_1\ Political\ Connection_j + Y_j\gamma_2 + Mill's\ Ratio1 + \varepsilon_j \quad (3-3)$$

$$Bank\ Loan\ Granted_k = \alpha_4 + \mu_1\ Political\ Connection_k + Z_k\mu_2 + Mill's\ Ratio2 + \sigma_k \quad (3-4)$$

式(3 - 3)与式(3 - 2)相似,是选择方程,式(3 - 4)为结果方程。检验银行选择过程的模型类似于检验家庭自我选择过程的模型,但有两个例外。第一,由于家庭申请的决定取决于其是否需要贷款,笔者在选择方程(3 - 3)中保留了自选择过程的 Inverse Mill' s ratio (Mill's Ratio1)作为回归变量。第二,因为样本选择偏差也可能存在于银行的选择过程中,我们基于 ρ_2 (*corr*

(ε_j,σ_k))计算出选择比方程(3-3)的 Inverse Mill's ratio,并引入方程(3-4)作为额外的回归自变量(*Mill's Ratio2*)。

银行选择过程的估计中,笔者使用的排除变量是户主对所居住区域的安全性的主观评价(*Public Security Evaluation*)。在调查中,要求户主用 Likert 5 分制(1 分非常危险,5 分非常安全)对居住区域的安全程度打分。笔者预期,那些认为自己生活在安全环境中的家庭会表现出更高的贷款申请倾向,因为他们不那么担心袭击、抢劫和盗窃等意想不到的冲击,因为这些冲击威胁的存在可能影响家庭的商业活动和偿还能力。与此同时,基于两种原因,笔者预期家庭对于社区治安的主观评价不会影响银行批准贷款的决定。首先,在整个银行信贷申请流程中,信贷员不要求申请人对其所在社区的安全进行评估。其次,居民普遍到当地银行网点办理信贷,当地信贷员对社区的社会环境和安全状况比较熟悉。因此,在筛选过程中,信贷员是根据申请人的社会经济特征、信用、还款能力以及经营项目的潜在风险决定是否授信,而不是基于申请人对治安状况的评价,因为所有本地申请人都生活在相同的环境中①。

为了检验政治关联在家庭自我选择过程和银行选择过程中的作用,笔者在模型中引入了大量的控制变量,包括家庭人口、经济状况和金融特征等变量。对控制变量的选择是基于现有针对银行贷款供求决定因素的研究。具体而言,笔者控制人口统计学特征(户主的性别、年龄、受教育程度和职业、家庭规模和家庭位置)、经济条件(家庭的收入、固定资产、流动资产和房屋所有权)和金融特征(从非正规金融渠道的借款和户主的主观态度风险)②。

在估计模型时,我们使用以下计量策略。首先,中国不同地区的经济、金融和社会环境存在显著差异(Liu, 2003)。因此,在所有回归模型中,我们使用社区层面的聚类稳健标准误。其次,由于我们使用的数据集是一个横断面分层随机样本,每个家庭都被赋予一个代表选择概率的抽样权值,以保证所得的分析结果代表中国所有家庭(Cole 和 Sokolyk, 2016)。再次,在所

① 笔者针对选择方程(3-3)和结果方程(3-4)进行标准 Probit 模型估计,并将 *Public Security Evaluation* 添加到两个回归模型中。结果表明,*Public Security Evaluation* 与银行贷款申请呈显著正相关,但与银行贷款发放无显著正相关。

② 附录表 B.1 描述了分析中使用的所有变量。

有回归中，我们使用有限差分法将回归系数计算为平均边际效应。这意味着每个自变量的系数可以被解释为因变量等于 1 的概率[①]。最后，笔者认识到，因为我们使用横断面数据，所以不能排除回归模型存在不可测的异方差。然而，通过使用 IV 方法，我们能够控制反向因果关系和缺失变量偏差。

3.5 描述性统计分析和实证检验结果

表 3－1 使用完整样本分析了家庭对银行贷款需求的单变量分析。第(1)列提供了样本中所有变量的均值和标准差(括号内)。有政治关联的户主占样本总数的 12.3%。该表还显示，26% 的家庭拥有来自非正规金融部门的贷款，只有 7.8% 的人有银行贷款。这表明，中国家庭很难获得银行贷款，因此他们更依赖于通过非正规金融渠道借贷。

第(2)列和第(3)列分别显示了需要银行贷款的家庭和不需要银行贷款的家庭两个子样本中所有变量的均值和标准差。第(4)列为检验两个家庭子样本的变量均值是否有统计学显著性差异的 t 检验结果。在 t 检验的估计中引入抽样权值，并应用社区层面的聚类稳健标准误。结果表明，虽然需要贷款的家庭子样本比不需要贷款的家庭子样本具有更多的政治关联，但该变量的均值之间的差异在统计上并不显著。

表 3－1 Univariate Analysis of Bank Loan Need

	(1)	(2)	(3)	(4)
	All HHs	**No Need**	**Need**	**T－Test**
	3850	**2875**	**975**	**3850**
Political Connection	0.123	0.120	0.127	0.0157
	(0.328)	(0.326)	(0.334)	(0.0348)

注：第(1)、(2)、(3)列括号内为标准差；单因素检验的估计中引入抽样权值，并应用社区层面的聚类稳健标准误($*p<0.1$，$**p<0.05$，$***p<0.01$)。

① 根据有限差分法，每个变量的数值导数是样本的均值导数，而不是在变量均值处求出的导数。换言之，笔者计算每个观测值的导数(或哑变量的有限差分)，并报告(加权)样本均值(Heckman et al.，2003)。

表 3 – 2 Univariate Analysis of Bank Loan Application

	(1)	(2)	(3)	(4)
	All Needing HHs	**Discouraged**	**Applied**	**T – Test**
	975	**528**	**447**	**975**
Political Connection	0.127	0.080	0.183	0.214***
	(0.334)	(0.270)	(0.390)	(0.0615)

注：第(1)、(2)、(3)列括号内为标准差；单因素检验的估计中引入抽样权值，并应用社区层面的聚类稳健标准误(* p < 0.1, * * p < 0.05, * * * *p* < 0.01)。

表 3 – 3 Univariate Analysis of Bank Loan Approval

	(1)	(2)	(3)	(4)
	All Applied HHs	**Rejected HHs**	**Approved HHs**	**T – Test**
	447	**145**	**302**	**447**
Political Connection	0.183	0.090	0.229	0.227***
	(0.390)	(0.289)	(0.422)	(0.0542)

注：第(1)、(2)、(3)列括号内为标准差；单因素检验的估计中引入抽样权值，并应用社区层面的聚类稳健标准误(* p < 0.1, * * p < 0.05, * * * *p* < 0.01)。

表 3 – 2 中，提供了关于表示需要银行贷款的家庭的子样本的信息。第(1)列为该子样本的描述性统计；此列中的信息与表 3 – 1 PanelA 中的列(3)的信息相同。第(2)列和第(3)列栏分别显示了未申请贷款的家庭和申请银行贷款的家庭变量的均值和标准差。第(4)列是比较两个子样本变量均值的 t 检验结果。对于本章的讨论，最重要的是，从表中可以看出，申请贷款的家庭中 18.3% 的有政治关系，该比例显著高于不申请贷款的家庭比例(8.0%)。这表明，需要银行信贷的家庭中，有政治关系的家庭比没有政治关系的家庭申请贷款的积极性更高。

表 3 – 3 中关注的是那些申请贷款的家庭。这个子样本将进一步划分为未获得银行贷款的子样本[列(2)]和获得银行贷款的子样本[列(3)]。简单的 t 检验结果[列(4)]表明，与没有获得贷款的家庭相比，获得贷款的家庭中具有政治联系的比例显著更高(22.9%∶9%)。

表 3 – 4 中的第(1)列显示了选择方程(3 – 1)的结果，考察了家庭需要银行贷款的可能性。排除变量，即 *Percentage Households Having a Bank Ac-*

count，在 10% 的水平上是显著的。选择方程（3 – 1）中 Wald test 是在 1% 的水平显著，拒绝 $\rho_1 = 0$ 的原假设，表明样本选择偏差的存在。

重要的是，表 3 – 4 第（1）列的结果表明，*Political Connection* 的系数在统计上不显著，说明户主的政治关联与家庭贷款需求无关，政治关联不会增加家庭对银行贷款的需求。

表 3 – 4 的第（2）列检验了家庭申请贷款的决定因素，前提是家庭明确他们是否需要银行贷款。结果表明，*Political Connection* 在 1% 的水平下显著为正，说明有政治关联的家庭比没有政治关联的家庭更有可能申请银行贷款。这个结果证实了本章的假设 1。此结果的含义是，有政治关联的家庭在申请贷款时更有信心通过他们的政治背景获得贷款。为了检验稳健性，笔者在第（3）列中用普通 Probit 模型对第（2）列中模型进行估计（不控制选择偏差）。

表 3 – 4　家庭自选择过程的 Heckman Probit 模型

Explanatory Variables	(1) Selection Equation	(2) Outcome Equation	(3) Outcome Equation (Marginal Effect)
	Need Bank Credit (=1)	Bank Loan Apply (=1)	Bank Loan Apply (=1)
Political Connection	0.0107	0.217**	0.0369**
	(0.0995)	(0.110)	(0.0176)
Social – Economic Characteristics (Age reference group: Young Heads)			
Female	0.0634	–0.199**	–0.0393*
	(0.0803)	(0.0966)	(0.0206)
Middle – aged	0.213*	–0.00342	–0.000634
	(0.129)	(0.138)	(0.0256)
Old	0.0694	0.0830	0.0151
	(0.145)	(0.140)	(0.0253)
Household Size	0.0274	–0.0108	–0.00200
	(0.0179)	(0.0218)	(0.00402)
Rural	0.279**	–0.196**	–0.0348**
	(0.0796)	(0.0959)	(0.0160)

续表

Explanatory Variables	(1) Selection Equation Need Bank Credit (=1)	(2) Outcome Equation Bank Loan Apply (=1)	(3) Outcome Equation (Marginal Effect) Bank Loan Apply (=1)
Educational Attainment (Reference group: Primary School or less)			
Middle School or Vocational School	0. 0780	-0. 0613	-0. 0113
	(0. 0663)	(0. 0770)	(0. 0141)
Bachelor Degree or Above	0. 522 **	-0. 384	-0. 0847
	(0. 239)	(0. 269)	(0. 0688)
Occupation Types (Reference group: Unemployed)			
Freelance or Farmer	0. 0343	0. 0809	0. 0151
	(0. 0748)	(0. 0940)	(0. 0178)
Entrepreneur	-0. 0112	0. 191	0. 0323
	(0. 145)	(0. 187)	(0. 0290)
Employee	0. 0757	0. 110	0. 0196
	(0. 103)	(0. 119)	(0. 0207)
Household Income (Reference group: Low - Income Class)			
Middle - Income Class	-0. 0507	-0. 0205	-0. 00381
	(0. 0734)	(0. 0883)	(0. 0164)
Top - Income Class	0. 0683	0. 113	0. 0203
	(0. 0988)	(0. 114)	(0. 0200)
Durable Goods Value (Reference group: Low - Durable - Value Level)			
Middle - Durable - Value Level	-0. 106	0. 142 *	0. 0265 *
	(0. 0687)	(0. 0806)	(0. 0150)
Top - Durable - Value Level	-0. 142	0. 374 **	0. 0617 **
	(0. 0967)	(0. 117)	(0. 0177)

续表

	(1)	(2)	(3)
Explanatory Variables	**Selection Equation**	**Outcome Equation**	**Outcome Equation (Marginal Effect)**
	Need Bank Credit (=1)	**Bank Loan Apply (=1)**	**Bank Loan Apply (=1)**
Liquid Assets Value (Reference group: Low - Liquid - Value Level)			
Middle - Liquid - Value Level	-0.168**	0.0466	0.00854
	(0.0719)	(0.0833)	(0.0151)
Top - Liquid - Value Level	-0.153*	0.0716	0.0130
	(0.0911)	(0.121)	(0.0213)
Real Estate			
Own House	0.0290	0.00991	0.00185
	(0.140)	(0.171)	(0.0321)
Financial Characteristics			
Informal Lending	1.001**	-0.847**	-0.197**
	(0.0626)	(0.0719)	(0.0189)
Risk Preference	0.0787**	0.0359	0.00666
	(0.0238)	(0.0304)	(0.00576)
Exclusion Variables			
Public Security Evaluation	-0.0255	0.130**	0.0240**
	(0.0342)	(0.0418)	(0.00833)
Percentage of Households HavingBank Accounts in the Community	0.301**	—	—
	(0.141)	—	—
Constant	-2.134**	0.870**	
	(0.674)	(0.374)	
N	3776	961	961
ρ_1	0.9724**		—
	(0.0368)		—
$\chi 2$ (Wald test of $\rho_1=0$)	10.01**		—

续表

	(1)	(2)	(3)
Explanatory Variables	Selection Equation	Outcome Equation	Outcome Equation (Marginal Effect)
	Need Bank Credit (=1)	Bank Loan Apply (=1)	Bank Loan Apply (=1)
Prob (>χ2)	0.0016		—
Standard Errors Clustered at the Community Level	Yes		Yes
Sample Weight Adopted	Yes		Yes

注：模型估计中引入抽样权值，并应用社区层面的聚类稳健标准误；在第(3)列中，采用有限差分法计算平均边际效应(* * p<0.05， * p<0.1)。

表3－5显示了银行筛选贷款申请人的检验结果。第(1)列描述了家庭申请银行贷款的决定因素，与表3－4的第(2)列类似，但有两个例外。首先，为了控制自选择过程中的样本选择偏差，我们从家庭自选择方程中加入Inverse Mill's ratio作为额外的回归因子(Mill's Ratio1)。其次，将户主对居住环境公共安全的主观态度(*Public Security Evaluation*)作为第(1)列银行贷款申请方程的排除变量，结果表明*Public Security Evaluation*具有统计学意义。结果表明，Mill's Ratio1和银行选择过程的Wald test均是显著的。该结果拒绝原假设$\rho_2=0$，证实了样本选择偏差分别存在于家庭自我选择的过程和银行的选择过程。

表3－5第(1)列的结果与表3－4第(2)列的结果一致。当有政治关联的家庭需要贷款时，他们实际申请银行贷款的可能性更高。如上所述，这可能是由于他们相信政治关联将帮助他们获得贷款。

表 3－5 银行筛选过程的 Heckman Probit 模型

	(1)	(2)	(3)
Explanatory Variables	Selection Equation (2)	Outcome Equation (2)	Simple Probit
	Bank Loan Apply (=1)	Bank Loan Granted (=1)	Bank Loan Granted (=1)
Political Connection	0.386**	0.302*	0.0633*
	(0.165)	(0.187)	(0.0357)
Social – Economic Characteristics (Age reference group: Young Heads)			
Female	–0.441**	0.207	0.0456
	(0.151)	(0.187)	(0.0379)
Middle – aged	–0.189	–0.258	–0.0564
	(0.294)	(0.241)	(0.0483)
Old	0.134	–0.411	–0.107
	(0.237)	(0.265)	(0.0755)
Household Size	–0.0355	–0.0798*	–0.0187
	(0.0436)	(0.0483)	(0.0119)
Rural	–0.586**	–0.0443	–0.0103
	(0.256)	(0.172)	(0.0395)
Educational Attainment (Reference group: Primary School or less)			
Middle School or Vocational School	–0.159	0.199	0.0472
	(0.139)	(0.144)	(0.0345)
Bachelor Degree or Above	–1.283**	0.672	0.113**
	(0.642)	(0.476)	(0.0538)
Occupation Types (Reference group: Unemployed)			
Freelance or Farmer	0.157	0.0593	0.0139
	(0.138)	(0.194)	(0.0457)
Entrepreneur	0.466*	0.592	0.105*
	(0.264)	(0.444)	(0.0554)

续表

	(1)	(2)	(3)
Explanatory Variables	Selection Equation (2)	Outcome Equation (2)	Simple Probit
	Bank Loan Apply (=1)	Bank Loan Granted (=1)	Bank Loan Granted (=1)
Employee	0.0861	-0.0431	-0.0102
	(0.189)	(0.205)	(0.0492)
Household Income (Reference group: Low - Income Class)			
Middle - Income Class	-0.0103	0.150	0.0349
	(0.133)	(0.156)	(0.0362)
Top - Income Class	0.0667	0.475**	0.0988**
	(0.164)	(0.213)	(0.0414)
Durable Goods Value (Reference group: Low - Durable - Value Level)			
Middle - Durable - Value Level	0.369**	0.0703	0.0165
	(0.147)	(0.168)	(0.0397)
Top - Durable - Value Level	0.844**	0.0135	0.00315
	(0.213)	(0.229)	(0.0533)
Liquid Assets Value (Reference group: Low - Liquid - Value Level)			
Middle - Liquid - Value Level	0.259	-0.0603	-0.0143
	(0.189)	(0.167)	(0.0403)
Top - Liquid - Value Level	0.338*	-0.186	-0.0462
	(0.200)	(0.190)	(0.0498)
Real Estate			
Own House	-0.0328	0.495	0.139
	(0.259)	(0.377)	(0.126)
Financial Characteristics			
Informal Lending	-2.744**	-0.0488	-0.0114
	(0.949)	(0.136)	(0.0320)

续表

Explanatory Variables	(1) Selection Equation (2) Bank Loan Apply (=1)	(2) Outcome Equation (2) Bank Loan Granted (=1)	(3) Simple Probit Bank Loan Granted (=1)
Risk Preference	−0.0116	−0.0379	−0.00888
	(0.0846)	(0.0526)	(0.0123)
Exclusion Variables			
Public Security Evaluation	0.283 **	—	—
	(0.0638)	—	—
Mill's Ratio 1 (ρ_1)	−3.467 **	—	—
	(1.300)	—	—
Constant	−1.219 **	0.892	
	(0.419)	(0.577)	
NO. of Observations	961	441	441
ρ_2	−0.8394 **		
	(0.1237)		
$\chi2$(Wald test of ρ_2 =0)	8.47 **		—
Prob (>$\chi2$)	0.0036		—
Standard Errors Clusteredat the Community	Yes		Yes
Sample Weight Adopted	Yes		Yes

注：模型估计中引入抽样权值，并应用社区层面的聚类稳健标准误；在第(3)列中，采用有限差分法计算平均边际效应(* * p<0.05， * p<0.1)。

表3－5第(2)列显示了银行筛选过程的结果。变量政治关联显著为正，表明有政治关联的家庭比没有政治关联的家庭更有可能获得银行贷款，这与本章假设2一致。政治关联向银行提供了申请人资信的额外信息，这使得具有政治关联的家庭比没有政治关联的家庭更容易获得贷款。政治关联为家庭提供了与包括银行官员在内的其他党员发展私人关系的机会，而私

人关系可以提高家庭获得银行信贷的可能性，因为它是建立在相互信任和支持的基础上。作为维系友好关系的一种方式，银行官员因此向与他们有联系的家庭提供信贷。因此，有政治关联的申请人在申请贷款时可能获得优先待遇。

为了检验稳健性，在表3－5第(3)列中，笔者使用标准Probit模型，并对第(2)列中显示的模型进行了重新估计。结果表明，*Political Connection*在统计上仍然具有显著性，且系数符号符合预期。

3.6 结论

本章研究了家庭政治关联在决定家庭获取银行贷款方面所起的作用。笔者使用在中国开展的一项大型家庭调查的数据，分析户主的党员身份是否会增加家庭获得银行贷款的可能性。笔者研究了政治关联在银行贷款分配过程中不同阶段的作用。具体而言，笔者分析政治关联如何影响家庭申请银行贷款的决定和银行批准贷款的决定。有政治关联的家庭在申请贷款时的积极性更高，因为他们更有信心通过政治关联获得贷款。银行在分配贷款时可能会利用政治关联的信息作为筛选工具。本章使用的数据来自2012年中国家庭金融调查研究中心对中国8438户家庭进行的一项大型调查，该调查涵盖了2011年中国家庭的经济和金融活动。使用两阶段Heckman probit模型，在家庭的自我选择过程和银行的选择过程中，笔者发现，在金融市场需求侧，政治关联与家庭申请贷款意愿呈正相关关系，在金融市场供给侧，政治关联和家庭获得贷款的概率呈正相关关系。这些结果证实了我们的假设。

本章对研究家庭获得信贷决定因素的文献做出了两项贡献。首先，据笔者所知，本研究是第一个分析政治关联在家庭获得银行贷款的过程中发挥的作用。其次，本研究分析政治关联在银行贷款分配整体过程中的作用，即将贷款申请过程分解为家庭的自我选择过程和银行的选择过程。对银行贷款分配过程不同阶段的单独分析，使笔者能够分别考察政治关联对信贷需求和信贷供给方面的影响。

由于本研究使用的是横截面数据，难以研究相关变量变化的影响。换言之，本研究未能分析获得或失去政治关联的影响。此外，笔者无法长期观察银行贷款分配程序的决策过程。未来的研究应侧重于创建面板数据，以便对这些问题进行进一步分析。

参考文献

[1]Aghion P. , P. Bolton. A theory of trickle - down growth and development[J]. Review of Economic Studies, 1997, 64: 151 - 172.

[2]Asher S. Novosad P. Politics and local economic growth: Evidence from India[J]. American Economic Journal: Applied Economics,2017, 9: 229 - 273.

[3]Banerji S. , Duygun M. , Shaban M. Political connections, bailout in financial markets and firm value[J]. Journal of Corporate Finance, 2018, 50: 388 - 401.

[4]Beck T. , Büyükkarabacak B. , Rioja F. K. , Valev N. T. Who gets the credit? And does it matter? Household vs. firm lending across countries[J]. The BE Journal of Macroeconomics, 2012:12.

[5]Bester H. Screening versus rationing in credit markets with imperfect information[J]. American Economic Review, 1985, 75: 850 - 855.

[6]Boucher S. , Guirkinger C. , Trivelli C. Direct elicitation of credit constraints: Conceptual and practical issues with an application to Peruvian agriculture[J]. Economic Development and Cultural Change, 2009, 57: 609 - 640.

[7]Brown M. , Jappelli T. , Pagano M. Information sharing and credit: Firm - level evidence from transition countries[J]. Journal of Financial Intermediation, 2009, 18: 151 - 172.

[8]Cavalluzzo K. , Cavalluzzo L. , Wolken J. Competition, small business financing, and discrimination: Evidence From a new survey[J]. Journal of Business, 2002, 75: 641 - 679.

[9]Chakravarty S. , Xiang M. What discourages small businesses from asking for loans? The international evidence on borrower discouragement[J]. Purdue University Working Paper 1003, 2009, Purdue University, West Lafayette: IN.

[10]Chen D. , Guan Y. , Zhang T. , Zhao G. Political connection of financial intermediaries: Evidence from China's IPO market[J]. Journal of Banking & Finance, 2017, 76: 15 - 31.

[11]Chen K., Wen Y. The great housing boom of China[J]. American Economic Journal: Macroeconomics, 2017, 9: 73 – 114.

[12]Cheng L. Estimating the value of political connections in China: Evidence from sudden deaths of politically connected independent directors [J]. Journal of Comparative Economics, 2018, 46: 495 – 514.

[13]Claessens S., Feijen E., Laeven L. Political connections and preferential access to finance: The role of campaign contributions[J]. Journal of Financial Economics, 2008, 88: 554 – 580.

[14]Coady D. P., Parker S. W. Targeting performance under self – selection and administrative targeting method[J]. Economic Development and Cultural Change, 2009, 57: 559 – 587.

[15]Cole R. A. The importance of relationships to the availability of credit [J]. Journal of Banking and Finance, 1998, 22: 959 – 977.

[16]Cole R., Sokolyk T. Who needs credit and who gets credit? Evidence from the surveys of small business finances[J]. Journal of Financial Stability, 2016, 24: 40 – 60.

[17]Coleman B. E. The impact of group lending in Northeast Thailand[J]. Journal of Development Economics, 1999, 60: 10 5 – 141.

[18]Cruz C., Labonne J., Querubin P. Politician family networks and electoral outcomes: Evidence from the Philippines[J]. American Economic Review, 2017, 107: 3006 – 3037.

[19]Das U. Does political activism and affiliation affect allocation of benefits in the rural employment guarantee program: Evidence from West Bengal, India[J]. World Development, 2015, 67: 202 – 217.

[20]Dickson B. J. Red capitalists in China [M]. Cambridge University Press, Cambridge: MA, 2003.

[21]Dong Z., Wei X., Zhang Y. The allocation of entrepreneurial efforts in a rent – seeking society: Evidence from China[J]. Journal of Comparative Economics, 2016, 44: 353 – 371.

[22]Dufhues T., Buchenrieder G., Munkung N. Social capital and market imperfections: Accessing formal credit in Thailand [J]. Oxford Development

Studies, 2013, 41: 54 -75.

[23] Faccio M. Politically connected firms[J]. American Economic Review, 2006, 96: 369 -386.

[24] Faccio M., Hsu H. C. Politically connected private equity and employment[J]. Journal of Finance, 2017, 72: 539 -574.

[25] Fafchamps M., Labonne J. Do politicians' relatives get better jobs? Evidence from Municipal Elections[J]. Journal of Law, Economics, and Organization, 2017, 33: 268 -300.

[26] Feng X., Johansson A. C., Zhang T. Political participation and entrepreneurial initial public offerings in China[J]. Journal of Comparative Economics, 2014, 42: 269 -285.

[27] Feng X., Johansson A. C., Zhang T. Mixing business with politics: Political participation by entrepreneurs in China[J]. Journal of Banking & Finance, 2015, 59: 220 -235.

[28] Fisman R., Wang Y. The mortality cost of political connections[J]. Review of Economic Studies, 2015, 82: 1346 -1382.

[29] Foltz J. Credit market access and profitability in Tunisian agriculture [J]. Agricultural Economics, 2004, 30: 229 -240.

[30] Francis B. B., Hasan I., Sun X. Political connections and the process of going public: Evidence from China[J]. Journal of International Money and Finance, 2009, 28: 696 -719.

[31] Gan L., Yin Z., Jia N., Shu X., Ma S., Zheng L. Data you need to know about China: Research report of China Household Finance Survey 2012 [R]. Springer -Verlag, Berlin, 2014.

[32] Ghosh S., Vinod D. What constrains financial inclusion for women? evidence from Indian micro data[J]. World Development, 2017, 92: 60 -81.

[33] González F., Prem M. The value of political capital: Dictatorship collaborators as business elites[J]. Journal of Economic Behavior & Organization, 2018, 155: 217 -230.

[34] Guo D., Kun J., Kim B. Y., Xu C. Political economy of private firms in China[J]. Journal of Comparative Economics, 2014, 42: 286 -303.

[35]Han L. , Fraser S. , Storey D. J. Are good or bad borrowers discouraged from applying for loans? Evidence from US small business credit markets [J]. Journal of Banking and Finance, 2009, 33: 415 -424.

[36]Heckman J. J. Sample selection bias as a specification error[J]. Econometrica, 1979, 47: 153 -161.

[37]Heckman J. J. and Navarro - Lozano S. Using matching, instrumental variables, and control functions to estimate economic choice models[J]. Review of Economics and Statistics, 2004, 86: 30 -57.

[38]Houston J. F. , Jiang L. , Lin C. , Ma Y. Political connections and the cost of bank loans[J]. Journal of Accounting Research, 2014, 52: 193 -243.

[39]Infante L. , Piazza M. Political connections and preferential lending at local level: Some evidence from the Italian credit market[J]. Journal of Corporate Finance, 2014, 29: 246 -262.

[40]Karlan D. Morduch J. Access to finance, in Rodrik, D. and Rosenzweig, M. eds. [J]. Handbook of Development Economics, 2009, 5: 4704 -4784.

[41]Karlan D. , Ratan A. L. , Zinman J. Savings by and for the Poor: A Research Review and Agenda[J]. Review of Income and Wealth, 2014, 60: 36 -78.

[42]Khwaja A. I. , Mian A. Do lenders favor politically connected firms? Rent provision in emerging financial market[J]. Quarterly Journal of Economics, 2005, 120: 1371 -1411.

[43]Kon Y. , Storey D. J. A theory of discouraged borrowers[J]. Small Business Economics, 2003, 21: 37 -49.

[44]Kung J. K. S. , Ma C. Friends with benefits: How political connections help to sustain private enterprise growth in China[J]. Economica, 2018, 85337: 41 -74.

[45]Leuz C. , Oberholzer - Gee F. Political relationships, global financing, and corporate transparency: Evidence from Indonesia[J]. Journal of Financial Economics, 2006, 81: 411 -39.

[46]Li G. , Zhou H. Political connections and access to IPO markets in

China[J]. China Economic Review, 2015, 33: 76 -93.

[47]Li H., Meng L., Wang Q., Zhou L. Political connections, financing and firm performance: Evidence from Chinese private firms[J]. Journal of Development Economics, 2008, 87: 283 -299.

[48]Li H., Liu P., Zhang J., Ma N. Economic returns to Communist Party membership: Evidence from urban Chinese twins[J]. Economic Journal, 2007, 117: 1504 -1520.

[49]Li L. Financial inclusion and poverty: The role of relative income[J]. China Economic Review, 2018, 52: 165 -191.

[50]Li R., Li Q., Huang S., Zhu X. The credit rationing of Chinese rural households and its welfare loss: An investigation based on panel data[J]. China Economic Review, 2013, 26: 17 -27.

[51]Liang P., Guo S. Social interaction, internet access and stock market participation: An empirical study in China[J]. Journal of Comparative Economics, 2015, 43: 883 -901.

[52]Liu Z. The economic impact and determinants of investment in human and political capital in China[J]. Economic Development and Cultural Change, 2003, 51: 823 -850.

[53]Liu Q., Tang J., Tian G. Does political capital create value in the IPO market? Evidence from China, Journal of Corporate Finance, 2013, 23: 395 -413.

[54]Lu Y., Turvey C. G. The influencing factors and urban - rural differences in the behavior of household risky assets holding in China[J]. Finance and Trade Economics, 2014, 9: 72 -81.

[55]McLaughlin J. S. Does Communist party membership pay? Estimating the economic returns to party membership in the labor market in China[J]. Journal of Comparative Economics, 2017, 45: 963 -983.

[56]McMillan J. Markets in transition, in: Kreps, D. M. and Wallis, K. F. eds., Advances in economics and econometrics, Vol. II[M]. Cambridge: Cambridge University Press, 1997.

[57]Okten C., Osili U. O. Social networks and credit access in Indonesia

[J]. World Development, 2004, 32: 1225 - 1246.

[58] Park A., Ren C. Microfinance with Chinese characteristics [J]. World Development, 2001, 29: 39 - 62.

[59] Pan X., Tian G. G. Political connections and corporate investments: Evidence from the recent anti - corruption campaign in China [J]. Journal of Banking & Finance, 2017, Forthcoming.

[60] Piotroski J. D., Zhang T. Politicians and the IPO decision: The impact of impending political promotions on IPO activity in China [J]. Journal of Financial Economics, 2014, 111: 111 - 136.

[61] Stiglitz J. E., Weiss A. Credit rationing in markets with imperfect information [J]. American Economic Review, 1981, 71: 393 - 410.

[62] Van de Ven W. P. M. M., Van Praag B. M. S. The demand for deductibles in private health insurance: A probit model with sample selection [J]. Journal of Econometrics, 1981, 17: 229 - 252.

[63] Wydick B., Karp Hayes H., Hilliker Kempf S. Social networks, neighborhood effects and credit access: Evidence from rural Guatemala [J]. World Development, 2011, 39: 974 - 982.

[64] Yueh L. China's entrepreneurs [J]. World Development, 2009, 37: 778 - 786.

[65] Zhou W. Bank financing in China's private sector: The payoffs of political capital [J]. World Development, 2009, 37: 787 - 799.

[66] Zhu G., Du Z., Zhang L. Guanxi, stock market participation and stock return [J]. Economic Research Journal, 2014, 11: 87 - 101.

附录列表

表 B.1 控制变量描述

Control Variables	Description
Social - Economic Characteristics	社会经济特征
Female	Dummy variable = 1 if household head is female
女性	如果户主为女性,虚拟变量 = 1
Young	Dummy variable = 1 if household head is under 30 years old
青年	如果户主年龄在 30 岁以下,虚拟变量 = 1
Middle - Aged	Dummy variable = 1 if household head is 30 ~ 60 years old
中年	如果户主 30 ~ 60 岁,虚拟变量 = 1
Old	Dummy variable = 1 if household head is over 60 years old
老年	如果户主年龄超过 60 岁,虚拟变量 = 1
Household Size	Number of household members
家庭成员人数	家庭成员人数
Rural	Dummy variable = 1 if household lives in rural area
农村	如果家庭居住在农村地区,虚拟变量 = 1
Educational Attainment	受教育水平
Primary School or less	Dummy variable = 1 if household head highest level of education is primary school or lower
小学及以下	如果户主受教育程度最高的是小学或更低,虚拟变量 = 1
Middle School or Vocational School	Dummy variable = 1 if household head highest level of education is middle or vocational school
中学或职业学校	如果家庭户主受教育程度最高的是中学或职业学校,虚拟变量 = 1
Bachelor Degree or Above	Dummy variable = 1 if household head highest level of education is Bachelor degree or higher
本科及以上	如果户主受教育程度最高为本科及以上,虚拟变量 = 1
Occupation Types	职业类别

续表

Control Variables	Description
Unemployed	Dummy variable = 1 if household head is unemployed
失业	如果户主失业,虚拟变量 = 1
Freelance or Farmer	Dummy variable = 1 if household head is farmer or has no regular job
自由职业者或农民	如果户主是农民或自由职业者,虚拟变量 = 1
Entrepreneur	Dummy variable = 1 if household head is entrepreneur
企业家	如果户主是企业家,虚拟变量 = 1
Employee	Dummy variable = 1 if household head is employee at private or public company
职员	如果户主是私营公司或上市公司的雇员,虚拟变量 = 1
Household Income	家庭收入
Low - Income Class	Dummy variable = 1 if household income is in the 1st to 25th percentile of household incomes in the province
低收入阶层	如果家庭收入占全省家庭收入的 1 ~ 25 百分位,虚拟变量 = 1
Middle - Income Class	Dummy variable = 1 if household income is in the 26th to 74th percentile of household incomes in the province
中等收入阶层	如果家庭收入占全省家庭收入的 26 ~ 74 个百分位,虚拟变量 = 1
Top - Income Class	Dummy variable = 1 if household income is in the 75th to 100th percentile of household incomes in the province
高收入阶层	如果家庭收入占全省家庭收入的 75 ~ 100 百分位,则哑变量 = 1
Durable Goods Value	耐用品价值
Low - Durable - Goods Value	Dummy variable = 1 if household durable goods value is in the 1st to 25th percentile of household durable goods value in the province
低耐用品价值	家庭耐用品价值占全省家庭耐用品价值的 1 ~ 25 百分位,虚拟变量 = 1
Middle - Durable - Goods Value	Dummy variable = 1 if household durable goods value is in the 26st to 74th percentile of household durable goods value in the province

续表

Control Variables	Description
中耐用品价值	家庭耐用品价值占全省家庭耐用品价值的 26 ~ 74 百分位，虚拟变量 = 1
Top – Durable – Goods Value	Dummy variable = 1 if household durable goods value is in the 75st to 100th percentile of household durable goods value in the province
高耐用品价值	家庭耐用品价值占全省家庭耐用品价值 75 ~ 100 百分位，虚拟变量 = 1
Liquid Assets Value	流动资产价值
Low – Liquid – Assets Value	Dummy variable = 1 if household liquid assets value is in the 1st to 25th percentile of household liquid assets value in the province
低流动资产价值	家庭流动资产价值占全省家庭流动资产价值的 1 ~ 25 百分位，虚拟变量 = 1
Middle – Liquid – Assets Value	Dummy variable = 1 if household liquid assets value is in the 26st to 74th percentile of household liquid assets value in the province
中流动资产价值	家庭流动资产价值占全省家庭流动资产价值的 26 ~ 74 百分位，虚拟变量 = 1
Top – Liquid – Assets Value	Dummy variable = 1 if household liquid assets value is in the 75st to 100th percentile of household liquid assets value in the province
高流动资产价值	家庭流动资产价值占全省家庭流动资产价值的 75 ~ 100 百分位，虚拟变量 = 1
Real Estate	不动产
Owns House	Dummy variable = 1 if household owns a house （i. e. has officially certified property right）
拥有房产	如果一个家庭拥有一所房子（即拥有官方认证的产权），虚拟变量 = 1
Financial Characteristics	金融特点
Informal Lending	Dummy variable = 1 if household borrows from informal sources, such as relatives, friends, or non – bank financial institutions

续表

Control Variables	Description
非正规金融市场借贷行为	从非正规金融市场借贷，如亲戚、朋友或非银行金融机构，虚拟变量 = 1
Risk Preference	Measure of household head's subjective attitude towards risk, based on a question that captures the risk preferences of household heads. The question is: "If you have some idle assets, would you like to invest in a project that is (1) the least risky and the least profitable, (2) relatively less risky and less profitable, (3) neither lower, nor riskier and profitable, (4) relatively riskier and more profitable, or (5) the riskiest and the most profitable?" Answers from (1) to (5) classify household heads into five groups, ranging from the most risk - averse to the most risk - seeking; the higher the score of the variable Risk Preference, the higher the risk the household head prefers.
风险偏好	衡量户主对风险的主观态度，基于一个识别户主风险偏好的问题："如果你有闲置资产，你想投资一个项目(1)风险最小和利润最低；(2)相对低风险，利润相对较低；(3)中等风险和利润；(4)相对风险更大，更有利可图；(5)风险最大和利润最高的？"从(1)到(5)的答案中将户主分为五组，从最厌恶风险的到最偏好风险的；Risk Preference 得分越高，户主的风险厌恶程度越低。

4 社会情境的影响:家庭非正规金融负债在银行信贷配置中的信号效应

4.1 引 言

针对不发达金融市场中家庭获得银行信贷的机制(Petersen 等,1994;Zeller,1994;Mushinski,1999;Petrick,2005),经济学家指出诸多决定借款者是否能从银行获得(足够的)贷款的因素,包括交易成本、提供抵押品的可能性和稳定的收入流等。然而,鲜有研究针对借款人未偿还的非正规金融市场的债务在银行信贷分配决策中的作用展开研究。

在新兴经济体中,银行在确定借款人信用水平和还款能力等信息时面临严重的障碍,即信息不对称问题的存在(Stiglitz 和 Weiss,1981)。相比之下,非正规金融市场的债权人(如借款者的社交网络成员或当地的非正规金融机构)往往对借款者的信誉度和未来还款能力有更深刻的了解,因为他们可通过社交网络获得关于借款人及时准确的信息(Hoff 等,1990;Banerjee 等,1994;Mushinski,1999;Guirkinger,2008)。由于家庭在非正规金融市场的未偿债务是由更了解该家庭的债权人提供,因此该债务可被认定为借款家庭偿债能力的积极信号。在正规的金融市场中,当银行意识到非正规市场的债权人对借款人的资信状况有更好的了解时,银行信贷员可能会将申请人现有的非正规金融市场债务①视为对其信誉度的证明,因此,更愿意向具

---

① 在本章中,非正规金融市场负债指家庭从亲戚、朋友、同事或其他社会关联方借到的钱。笔者将非正规负债定义为社会网络成员提供的贷款,因为在中国家庭金融调查中,有非正规债务的家庭需要报告其非正规借债的来源,而且几乎所有家庭的借款来源均为社会网络成员,而从非正规金融机构借款的家庭占比不足1%。

有非正规金融市场负债的申请人提供贷款（Biais 等，1997；Dasgupta，2004；Giannetti 等，2011；Madestam，2014）。

当然，银行可能将申请人的非正规金融市场债务视为潜在的违约风险信号，不愿向具有非正规负债的家庭提供信贷，尤其是在家庭间具有丰富成熟社交网络的地区。一系列研究表明，在正规金融市场不健全的经济体中，家庭间往往基于亲属关系和密切的社会关系建立非正式的风险分担机制，以应对紧急情况带来的收入冲击，并确保有能力应对风险（Townsend，1994；Grimard，1997；Ligon 等，2000，2001；Fafchamps 和 Gubert，2007）。其中，基于亲情、友情形成的非正规贷款成了风险共担的主要工具（Udry，1994；Fafchamps 和 Lund，2003；Fafchamps 和 Gubert，2007）。由于非正规借贷活动根植于密切的社会关系中，那些试图违约的家庭将会被其社交网络成员排斥，未来也将无法得到他人的帮助（Fafchamps，1999；Ferrara，2003；Kinnan 和 Townsend，2012）。社会资本密集的地区尤其如此，因为当地居民特别重视与他人保持良好的关系。当该地区的家庭同时在正规金融市场和非正规金融市场有未偿债务时，由于他们希望保持良好的非正规借贷关系并确保未来持续受到社会网络的保护，促使他们首先偿还非正规市场债务。在极端情况下，家庭甚至可能使用银行信贷来偿还他们的非正规市场债务。显然，银行信贷总是排在家庭还款清单的第二位，因此银行可能将信贷申请人未偿还的非正规市场债务视为强烈的违约风险信号，并倾向于拒绝该类家庭的申请。

本章使用中国家庭金融调查（China Household Finance Survey），这是第一个针对中国家庭金融活动的全国性代表性数据，共计覆盖 8348 个家庭。基于对该数据的检验，本章旨在回答以下问题：银行在决定信贷分配时，如何评估申请人未偿还非正规金融市场债务对其还款行为的影响？当申请人居住在社会资本水平不同的社区时，银行是否会对申请人未清偿的非正规债务做出不同的判断，并基于此对其贷款申请做出决策？

为了回答研究问题，本章提供了新的分析框架，在探究银行是否考虑信贷申请人未偿还非正规债务时，引入申请家庭所在的社会环境的影响。本章所定义的社会环境是指某一地区的居民之间的关系是否密切（社会资本密集地区）或关系疏远（社会资本匮乏地区）。由于非正规的风险分担机制在社会资本密集地区的居民中比在社会资本稀少地区的居民中更为普遍

(Fafchamps,1992;Platteau,2000),基于申请贷款家庭所处的社会环境不同,银行可能将家庭未偿还的非正规负债理解为不同信号,并据此作出相反的决策。换言之,非正规金融市场债务在社会资本匮乏的地区可能是信誉的信号,而在社会资本密集的地区则是风险的信号。因此,笔者将整个样本分为两组:位于社会资本密集社区的家庭和位于社会资本稀疏社区的家庭,据此我们考察银行在两组之间分配信贷决定的差异。

结果表明,家庭未偿还的非正规金融市场债务是影响银行信贷获批的重要因素。具体而言,如果申请人生活在一个社会资本水平贫乏的社区,意味着成员的行为方式是以利己主义为前提,合作性较差,这样的社会环境放松了其对非正规借贷关系中互助互惠义务的约束,即非正规借贷关系并非建立在亲情、友情等互助情感的基础上。因此,银行认为信贷申请人的非正规债务是信誉的标志,且更倾向于向具有非正规债务的家庭提供贷款。相反,如果申请人居住在社会资本水平较高的社区,居民行为方式的基础是合作和利他主义,则非正规的借贷关系更有可能建立在相互信任和非正规保险机制的基础之上。在这种情况下,银行倾向于将申请人的非正规债务视为风险信号。换言之,在社会资本水平较高的社区,银行更愿意向没有非正规金融市场债务的申请人提供贷款。

本章现有文献的贡献体现为两方面。首先,笔者探索了家庭未偿还的非正规金融市场债务对银行提供信贷决定的影响。现有研究信贷配给的文献中(Zeller,1994;Bell 等,1997;Kochar,1997;Meza 等,2000;Petrick,2005;Arnold 等,2009),鲜有文献考察银行是否根据申请人未偿还的非正规负债判断其资信水平和还款能力。因此,我们的分析揭示了家庭正规金融活动和非正规金融活动之间的相互作用,即家庭非正规金融活动如何影响普惠金融。

其次,研究表明,在判断信用申请人的信誉水平和潜在违约风险时,银行会考虑申请人所在社区的社会环境对其还款行为的影响。基于此结果,笔者为现有研究做出了两方面贡献。一是针对信贷配给方面的文献。尽管学者已证明诸多因素决定家庭能否获得银行信贷,如经济条件和社会特征等,但鲜有研究考察银行的配给决定是否根据信贷申请人所在社区社会环境的差异而产生变化。二是针对人际关系影响效应的文献。现有研究仅检验密切的社会关系对当地居民日常活动的影响,如促进经济活动往来(Basu,1986；Udry,1994；Fafchamps 和 Gubert,2007）、应对风险（Fafchamps,1999；Collins 等,2009）和激发投资行为等（Hong 等,2004；Guiso 等,2004,2008）。本研究则考证了正规金融机构如何根据申请人所在社区的社会关系紧密程度来评估贷款申请人的违约风险和还款能力。

4.2 文献综述和假设的提出

信息不对称是正规金融市场的核心缺陷，它阻碍了自由流动资金流向需求方（Tiglitz 和 Weiss,1981；Carter,1988）。为了准确识别潜在借款人的信用水平并确保还款，银行和贷款申请人均在寻找能够在筛选过程中使用的缓解信息不对称的工具（Petrick,2005）。传统的工具包括申请人的受教育程度、技能、收入水平、信用记录、是否有抵押品和项目风险评估等（Bester,1987；Diamond,1989）。

最近的几项研究表明，银行通过考察申请人在非正规金融部门中未偿债务来评估申请人的信誉水平（Zeller 1994；Biais 等,1997；Andersen 等,2006；Giannetti 等,2011）。研究人员关注非正规金融市场债务的信号效应的原因在于，在快速增长的经济体中，非正规金融是小型借款者（如农民、微型企业主和小型贸易商）的主要融资来源（Ghate,1992a；Ayyagari,2010；Allen 等,2005,2012）。有证据表明，在中国、泰国和其他亚洲国家，非正规借贷占该国全部债务的一半以上（Ghate,1992b；Tsai,2004）。在这些国家，非正规融资部门的繁荣正促使银行在评估借款者的还款能力时考虑借款者在非正规金融市场的借款活动。

几项研究表明，银行更有可能向已有非正规信贷的申请人提供贷款，因为非正规债务表明申请人具备一定的信誉和偿还能力，利用这一信号还能降低银行的筛查成本。Biais 等（1997）和 Andersen 等（2006）指出，理论上，非正规借款的提供表明非正规金融部门的债权人认为债务人有能力偿还借款，因此债权人愿意承担债务人较低的违约风险。银行意识到非正规金融市场的债权人具有信息优势：能够更好地识别借款人的可信度，监控借款人的信贷使用情况，并督促其还款（Degryse 等,2015）。因此，银行将具备非正规信贷视为申请人资信水平的积极信号，更有可能向已有非正规负债的申请人提供贷款。通过这种方式，银行从非正规金融市场债权人的信息优势中获益，该优势将银行筛选申请人和监控借款人的成本降到了最低。Giannetti 等（2011）发现，拥有贸易信贷的公司能够从更多的银行获得信贷，并为获得银行贷款支付更低的费用，这表明银行更倾向与具有非正规债务的公司进行交易。

另一种可能是，银行向已有非正规金融市场负债的申请人发放贷款的意愿较低，因为他们未偿还的债务传达出了还款风险的信号。向已有非正规负债的家庭提供信贷可能引发较高的风险，因为负债家庭更珍惜他们的非正规借贷关系，而并非与银行的借贷关系（Zeller，1994）。换言之，当一个家庭同时具有正规金融市场和非正规金融市场的负债时，它更有可能首先偿还非正规市场的债务，推迟向银行偿还，甚至使用银行信贷偿还非正规市场的债权人。

非正规借贷关系对欠发达地区的家庭更有价值，因为与从银行借款相比，非正规信贷是一种更容易获得、更方便、更灵活的融资手段，可以长期帮助家庭平滑消费和分担风险（Collins 等，2009）。

由于缺乏完善的金融市场和可靠的社会保障体系，新兴经济体的家庭面临不可预测的冲击和各种风险（Morduch，1995，1999；Dercon，2006），如疾病、事故、自然灾害和失业，这些都促使他们在社交网络上寻求经济支持和交换资源。由于家庭之间的相互信任和地理位置的接近，社交网络中的相互支持行为具有即时交易、偿还机制灵活和监督成本较低的特点（Grimard，1997；Fafchamps 和 Gubert，2007）。这些有益的特点促使家庭对社交网络支持严重依赖，进而引导村庄或社区形成非正规的保险网络（或非正规的保险机制）。该机制成为欠发达地区居民自我保护的主要风险分担方案（Rosenzweig 等，1989；Coate 等，1993；Dercon 等，2000）。

非正规的风险共担机制是一种向亲戚或邻居提供信贷的形式，这些贷款的特点是零利率和还款时间、方式灵活（Udry，1994；Fafchamps 和 Lund，2003；Fafchamps 和 Gubert，2007；Collins 等，2009；Grandjean，2014）。风险共担机制有两个关键特征：互惠性和强制性（Ligon 等，1997；Ferrara，2003）。人们向邻居或亲戚提供免费贷款的原因是，他们希望未来在自身有需要的时候同样能够获得他人的帮助。债权者与债务人之间的关系建立在这样一种理解之上，即债务人有义务在债权人有需要时向其提供资金或其他援助，作为回报（Platteau，1997；Collins 等，2009）。在执行方面，由于参与风险共担机制的成员有着密切的社会关系，他们遵循严格的社会规范和风俗习惯，从而规范自己的还款行为，并行驶帮助他人的义务与责任。违约或不愿归还贷款的成员将承受社交网络成员制裁，在未来被排除在保险机制之外（Platteau，1991；Fafchamps，1992）。

考虑到非正规风险共担机制对家庭日常活动的重大意义，以及避免在未来失去这种保护，家庭往往非常重视他们的非正式贷款关系，并试图避免他们的非正规信贷违约（Fafchamps，1999；Ferrara，2003；Kinnan 和 Townsend，2012）。因此，在非正规保险机制普遍存在的地区，已有非正规金融部门债务的家庭被银行视为风险客户，因为他们首先偿还非正规债务，将银行债务置于第二位，甚至使用银行信贷偿还非正规债务。考虑到银行在监控借款者还款行为时所面临的信息障碍，以及家庭对其与银行贷款关系重视程度的降低，笔者预期，银行很有可能会对已有未偿还非正规金融市场债务的申请人进行信贷配给。

上述相互矛盾的论点表明，当家庭处于不同的社会环境时，家庭的非正规债务向银行传递了相反的信号。在社会资本密集地区，居民社会关系密切、互动频繁，表现出更多的集体行为和合作行为，家庭之间会积极建立并参与非正规的保险机制（Townsend，1994；Platteau 1997；Ligon 等，2001；Collins 等，2009）。因此，来自社会资本高水平地区的家庭中，已有非正规负债的申请人往往对银行意味着是风险客户，因为他们的非正规债务可能由非正规保险机制提供。相较于同一地区没有非正规信贷的家庭，银行更有可能拒绝已有非正规负债家庭的贷款申请。

在社会资本匮乏地区，居民之间的相互信任水平和互助互惠的意识较低。大多数人强调经济活动中的自利性，在该区域建立非正规保险网络的可能性很小。因此，非正规信贷的提供一般是基于债权人对债务人资信水平和还款能力的严格评估，而不是建立在义务和情谊基础上的互惠贷款。当然，银行不能排除亲情贷款或互惠贷款存在的可能性，但在社会资本稀缺地区，这种贷款关系的发生率远低于社会资本密集地区。因此，在社会资本贫乏的地方，家庭的非正规债务获得意味着非正规债权人所认可的信誉水平和还款能力。这些家庭的信贷申请比同一地区未获得非正式债务家庭的申请更有可能被银行接受。因此，我们对家庭非正规负债的信号效应提出了以下两个假设：

H1：在社会资本水平较低的地方，银行更有可能接受已有未偿还非正规金融市场债务家庭的申请，因为这些债务是家庭信誉水平和还款能力的信号。

H2：在社会资本水平较高的地方，银行更有可能拒绝已有未偿还非正规金融市场债务家庭的申请，因为这些债务是申请家庭存在还款风险的信号。

4.3 数据介绍和方法描述

4.3.1 数据介绍

本章使用中国家庭金融调查的数据，这是中国第一次也是目前为止唯一一次全国代表性的针对家庭金融活动的调查。在本章中，笔者从总体样本中删除了 346 个报告 2010 年收入为负的家庭，剩下 8092 个家庭作为最终样本。与第 3 章使用调查的子样本（从事农业和/或商业活动的家庭）相比，我们在这里使用完整的样本基于两个原因。第一，在第 3 章中，笔者研究了家庭的政治关联如何影响其申请信贷的决定和银行分配信贷的决定。我们认为，只有当一个家庭打算利用信贷来实现其弹性需求（如用于商业投资的贷款），而不是非弹性需求（如住房贷款）时，政治关联才可能发挥作用。原因是，与住房信贷或汽车信贷等基本贷款相比，商业贷款对银行的风险更大。因此，在筛选过程中，信贷员在发放商业贷款时会以更高的经济和社会标准筛选贷款申请人。在这种情况下，有政治关联的家庭会利用他们的特殊身份或社会地位影响信贷员的决定，增加其获得银行贷款的可能性。因此，在第 3 章中，笔者使用的样本仅限于有商业贷款需求的家庭。第二，在第 4 章中，笔者使用了整个样本，因为非正规借贷活动在中国非常普遍，所以银行在筛选各种贷款的过程中很可能会考虑到信贷申请人的非正规借贷活动，包括汽车贷款、住房贷款和商业贷款。

4.3.2 方法描述

（1）Heckman 选择模型

在银行信贷交易过程中，家庭与银行之间的互动可以被简化为一个两阶段决策过程（Zeller，1994）。第一阶段是家庭决定是否申请银行贷款，第二阶段是银行审查申请人是否符合授信条件，并决策接受或拒绝该家庭的申请（Mushinski，1999）。这意味着银行信贷的配置过程是由家庭的信贷申请方程和银行的信贷供给方程共同决定的。

忽视需求侧变量对家庭申请决策的影响，会导致对银行信贷配置决策的有偏估计（Duong 等，2002）。这种偏差来源于两方面：第一，由于银行和非正规金融机构经营位置的选取不是随机的，而是通常选择安全、富裕的社区开展业务。因此，不同地区家庭获取金融服务的机会分布不均，所以忽略供给侧因素会产生"位置偏差"。第二，"自我选择偏见"指出，家庭参与金融市场的行为与影响他们的内生性因素有关，比如与信贷员的私人关系或企业家精神等。位置偏差和自我选择偏差都决定了家庭申请银行信贷的决定，并最终决定其获得信贷的可能性。为了准确地研究银行信贷配置的决定因素，在实证估计中考虑家庭申请信贷的决策，并排除可能偏差是非常重要的。

Heckman 选择模型的设置非常契合本章的实证分析。基于一个两阶段的模型，Heckman 通过计量结构解决依次决策过程中潜在的样本选择偏差问题（Cameron 等，2009）。更重要的是，Heckman 选择模型提供了一个直接有效的检验方式，考察影响一个家庭的决定申请银行信贷的因素，以及在家庭申请贷款的基础上，考察影响银行决定是否给申请者提供贷款的因素（H1 和 H2）。

具体而言，Heckman 选择模型包括两个方程：

选择方程：

$$Bank\ Loan\ Applied_i = \alpha_1 + \beta_1\ Informal\ Lending_i + X_i\beta + \beta_2 Exclusion\ Restriction + \delta_i \tag{4-1}$$

结果方程：

$$Bank\ Loan\ Granted_j = \alpha_2 + \theta_1\ Informal\ Lending_j + X_i\theta + Mill's\ Ratio + \varepsilon_j \tag{4-2}$$

其中，

$$\delta_i \sim N(0,1);\varepsilon_j \sim N(0,1);corr(\delta_i,\varepsilon_j) = \rho.$$

选择方程是检验家庭申请银行信贷决定因素的 Probit 回归模型，其中的因变量是 $Bank\ Loan\ Applied_i$，即当家庭 i 因商业活动、农业活动或住房支出申请银行信贷时，该变量等于 1，否则为 0。变量 $Informal\ Lending_i$ 识别家庭

i 是否向非正规融资部门借款。笔者将 $Informal\ Lending_i$ 引入选择方程，以考察家庭向非正规金融部门的借款活动是否影响其参与正规金融市场的动机。X_i 为包含了影响家庭申请银行贷款的控制变量的向量。β_1 和 β 分别为 $Informal\ Lending_i$ 和控制变量向量 X_i 所对应的系数。δ_i 为选择方程的误差项，服从正态分布。

结果方程同样是 Probit 回归模型，它根据家庭针对申请信贷的决策确定家庭获得银行贷款的概率。当家庭 j 获得银行信贷时，因变量 $Bank\ Loan\ Granted_j$ 等于 1，否则为 0。结果方程重点指标，即民间借贷，包括 $Informal\ Lending_j$，X_i，θ_1，θ 和 ε_j 与选择方程中的对应指标一致。

（2）样本划分

为了检验 H1 和 H2，本研究需要分别考察银行针对社会资本密集地区的家庭和社会资本稀缺地区家庭的信贷分配过程。因此，我们根据社区层面的社会资本将整个样本分为两组。具体来说，我们使用社区中向 2008 年四川地震灾民捐款的家庭比例来代表社区的社会资本水平。本研究的样本中，社区捐赠率的中位数为 80%。当一个社区的捐赠率超过 80% 时，笔者将该社区确定为社会资本密集区，否则我们将社区定义为社会资本匮乏的区域。

当衡量群体（社区）层面的社会资本时，经济学家经常使用捐赠率作为衡量指标（Guiso 等，2004；Buonanno 等，2009；Nannicini 等，2013）。向地震灾民捐款的决定隐含着个人对责任义务和社会规范的感知及驱动，这均是社会资本的基本组成部分，且捐献行为免疫于法律或其他外部因素的影响（Guiso 等，2004）。因此，我们认为，捐款率清楚地反映了社区里家庭的互信程度和合作意愿。因此，笔者利用社区的捐赠率来识别居民提供和接受帮助的可能性，即从社区的非正式保险机制中获益。

（3）排他性限制

Heckman 两阶段方法的一个重要特点是在引入排他性限制条件下进行估计，从而识别模型并对系数进行结构解释（Cameron 等，2009）。在本章的 Heckman 选择模型中，排他性限制变量应该与选择方程的因变量相关（$Bank\ Loan\ Applied_i$，但与结果方程的因变量无关（$Bank\ Loan\ Granted_j$）。换句话说，排他性限制变量应该会影响家庭申请银行信贷的倾向，但不会影响银行发放信贷的决定。

笔者提出的排他性变量是 *Number of Information Sources*。这一指标源于调研中的一个多项选择题："以下哪个（些）是你日常生活中主要依赖的信息渠道：（1）报纸/杂志；（2）电视；（3）广播；（4）互联网；（5）短信；（6）家人、朋友和亲戚；（7）其他？"基于此问题，笔者创建一变量来测度户主所依赖的主要信息渠道的数量。该变量的含义非常直观，信息获取对家庭参与金融市场行为起着关键作用（Grossman 等，1980；Banerjee 等，1994；Bogan 等，2008；Cohen 等，2008；Liang 等，2015）。如果一个家庭拥有诸多交换信息的渠道，那么它就有更多的机会获得多样化的信息。与信息渠道有限的家庭相比，信息更加多元化的家庭更有可能获得有利可图的投资机会，并利用这些机会从银行系统寻求投资资金。因此，我们认为信息渠道较多的家庭比信息来源不足的家庭更有可能申请银行信贷。

尽管信息的获取可能会影响借款人使用银行信贷的积极性和还款的方式，但借款人信息渠道并不是银行筛选过程的一部分。换言之，银行一般不把信贷申请人依赖的信息渠道数量作为提供信贷资格的准则。这是因为银行很难准确、直接地获取申请人的信息渠道数量。银行依靠审查申请人的信用记录、当前财富和未来收入来评估他们的可信度，并预测他们的还款能力。因此，我们认为一个家庭的信息源数量满足排他性限制变量的理论要求，它与家庭申请贷款的决策正相关，但与银行的配置决策无关。实践中，我们使用一个标准的 Probit 模型来检验 *Number of Information Sources* 与选择方程的因变量（ $Bank\ Loan\ Applied_i$ ）和结果方程因变量之间（ $Bank\ Loan\ Granted_j$ ）的相关性。结果证实了我们的预期，*Number of Information Sources* 与信贷申请行为呈正相关，但与信贷获取不相关。

（4）控制变量

在 Heckman 模型中，笔者引入诸多影响家庭信贷申请决策的指标和银行信贷分配决策的指标，作为解释变量 X_i 。作为人口统计指标，笔者引入户主的性别、年龄、政治背景和家庭规模。家庭户主的知识水平和技能不仅决定家庭进入金融市场的决定，而且决定其偿还能力，因此，笔者同时引入家庭的人力资本指标。在此，我们以户主的教育程度（Primary School or Less 作为参照组）和职业（Unemployed 作为参照组）作为人力资本的代理变量。

笔者使用四组指标来反映家庭的经济状况，这些指标均决定家庭获得金融资源的能力。笔者通过三个哑变量刻画家庭收入水平，包括家庭收入在相应的省份内处于 *high - income class*(高于第 75 百分位)、*medium - income class*(处于第 25 ~75 百分位)或低收入阶层(低于第 25 百分位),其中 *low - income class* 作为参照组。笔者同时引入类似的哑变量明确家庭耐用消费品的价值水平(*Low - Durable - Value* 作为参照组)和流动资产价值水平(*Low - Liquid - Value* 作为参照组),从而识别家庭的财富水平对其获取信贷可能性的影响。此外,为了识别该家庭的实物资产,笔者在模型中引入表示该家庭是否拥有房产认证的住房(*Owns House*)的虚拟变量和表示该家庭是否拥有汽车(*Owns Car*)的虚拟变量。亦包括 *Private Business*,以指明家庭参与私营商业活动的情况,以及通过指标 *Income Shock* 识别在统计调查前一年收入下降的住户。

为了详细说明户主个人特质的影响,笔者引入 *Seatbelt*,它明确了受访者是否在汽车上系安全带,以显示户主在融资策略上的谨慎(或鲁莽)的影响(Liang 等,2015)。我们亦将户主的个人风险偏好指标纳入规范内,因为它在很大程度上决定了户主对于为投资或消费目的寻求外部融资的态度。明确户主风险偏好的信息源于调查中的如下问题:"假设你有一些资产投资,你喜欢哪一种项目投资:(1)高风险和高回报;(2)略高危险和略高回报;(3)中等风险和中等回报;(4)略低风险和略低回报;(5)非常低风险,非常低回报?"当户主在选择选项(1)或项(2)时我们将其归为风险偏好者,在选择选项(3)时归为风险中性者,在选择选项(4)或项(5)时归为风险规避者。我们将风险偏好和风险寻求的虚拟变量纳入模型,并以风险规避的虚拟变量作为参照组。

为了控制户主个人对经济环境的熟悉程度和对经济活动兴趣的影响,笔者使用 *Follow Economic News* 的虚拟变量来识别受访者在日常生活中是否经常关注经济新闻。我们使用 *Positive Economic Prediction* 来确定他/她是否对未来五年的中国经济抱有强烈的积极预期。我们认为,对经济新闻的认识和对经济环境的积极态度会提高家庭参与金融市场的可能性。

最后一组控制变量包括 *Rural*,具体说明家庭是否位于农村地区。*No. of Banks in the Community*,明确家庭所在社区的银行网点数量。*Public Security Evaluation* 表示被调查者对其所在社区治安的主观评价。这三个指标关注的是家庭的生活环境,用于控制基础设施、可用金融资源和社会环境方面的差异,所有这些都可能影响家庭对正式金融市场的参与行为。

Heckman 选择模型通过在估计中采用 *Inverse Mill's Ratio* 处理样本选择偏差，这是误差项的非零期望（Ayyagari 等，2010）。*Inverse Mill's Ratio* 的估计基于选择方程的 ρ，即 δ_i 和 ε_j 之间的相关性。*Inverse Mill's ratio* 作为一个自变量进入结果方程，以解决选择偏差。因此，ρ 的显著性水平表示样本选择偏差的程度（Das，2015）。如果 ρ 是显著的，则说明样本选择偏差存在于序贯决策阶段，因此有必要使用 Heckman 选择模型而非标准 Probit 模型。

（5）计量策略

由于本研究数据覆盖了中国 25 个省份的 320 个社区，在我们的估计中应该考虑到不同地区经济条件和社会背景的极端异质性。因此，在所有回归模型中，我们都使用了稳健标准误差，这些标准误差可根据社区级别的观测值进行聚类调整。这样做的原因是家庭是嵌套在社区内的，并受到相同环境的影响同一社区内的家庭往往表现出相类似的行为。

此外，由于数据集的目的是提供中国家庭经济活动的全国代表性信息，所有被访谈的家庭都是通过分层三步法随机选取的，每个家庭都被赋予代表其选择概率的抽样权重。根据样本设计，富裕地区和城市地区的家庭数量是欠发达地区和农村地区家庭数量的两倍（Gan 等，2014）。因此，为了保证我们的估计在中国提供具有全国代表性的信息，我们在所有的实证分析中都引入了抽样权重。

4.4 分析结果

4.4.1 统计分析

表 4－1 提供了本章样本的汇总统计数据。笔者剔除了 2010 年报告收入为负的 346 个家庭，最终样本为 8092 个家庭。

Formal Credit Only，*Informal Credit Only* 和 *Co－Funding* 表明家庭获得外部资金的渠道。只有 8% 的家庭（646 户）拥有银行信贷，而 23% 的家庭（1846 户）只有非正规部门的信贷；5.2% 的家庭（421 户）同时拥有上述两种渠道的信贷。同时从正规部门和非正规部门借贷的家庭比例仅略低于只使用银行信贷的家庭，这表明，同时从正规和非正规融资渠道融资的家庭都是一个不可忽略的群体。

表 4－1 描述性统计分析

Variables	Observations	Mean	S. D.	Min	Max	Explanation
Formal Credit Only (=1) 仅有正规信贷	8092	0.080	0.271	0(7446)	1(646)	Binary: whether the household obtains only formal credit for housing expenditures, commercial activities, and/or agricultural activities 家庭是否仅获得正式信贷，贷款目的为住房支出、商业活动和/或农业活动方面
Informal Credit Only (=1) 仅有非正规信贷	8092	0.230	0.421	0(6228)	1(1864)	Binary: whether the household obtains only informal credit for housing expenditures, commercial activities, and/or agricultural activities 家庭是否仅获得非正式信贷，贷款目的为住房支出、商业活动和/或农业活动方面
Co－Funding (=1) 正规与非正规信贷均有	8092	0.052	0.222	0(7671)	1(421)	Binary: whether the household obtains both formal and informal credit for housing expenditures, commercial activities, and/or agricultural activities 家庭是否同时获得正式与非正式信贷，贷款目的为住房支出、商业活动和/或农业活动方面

续表

Variables	Observations	Mean	S. D.	Min	Max	Explanation
Informal Lending (=1) 非正规借款行为	7534	0.303	0.460	0(5249)	1(2285)	Binary: whether the household borrows from the informal sector for housing expenditures, commercial activities, and/or agricultural activities 家庭是否从非正规金融部门借款用于住房开支、商业活动和/或农业活动
Bank Loan Apply (=1) 申请银行贷款	7534	0.170	0.376	0(6251)	1(1283)	Binary: whether the household applies for bank credit for housing expenditures, commercial activities, and/or agricultural activities 家庭是否为住房支出、商业活动和/或农业活动申请银行信贷
Bank Loan Granted (=1) 银行贷款获批	1283	0.832	0.374	0(216)	1(1067)	Binary: whether the household obtains bank credit for housing expenditures, commercial activities, and/or agricultural activities 家庭是否为住房支出、商业活动和/或农业活动获得银行信贷

续表

Variables	Observations	Mean	S. D.	Min	Max	Explanation
Female（=1） 女性	8092	0.266	0.442	0（5938）	1（2154）	Binary：whether the household head is female 户主是否为女性
Young（=1） 青年	8092	0.067	0.250	0（7552）	1（540）	Binary：whether the household head is below 30 years old（reference group） 户主年龄是否在30岁以下（参照组）
Middle – Aged（=1） 中年	8092	0.679	0.467	0（2601）	1（5491）	Binary：whether the household head is between 30 and 60 years old 户主是否在30～60岁之间
Old（=1） 老年	8092	0.277	0.448	0（5850）	1（2242）	Binary：whether the household head is above 60 years old 户主是否60岁以上
Political Affiliation（=1） 政治背景	8092	0.202	0.402	0（6455）	1（1637）	Binary：whether the household head is a member of the political party 户主是否为政党成员
Household Size 家庭规模	8092	3.491	1.549	1	18	Number of family members 家庭成员人数

续表

Variables	Observations	Mean	S. D.	Min	Max	Explanation
Primary School or Less (=1)	8092	0.304	0.460	0 (5630)	1 (2462)	Binary: whether the household head's highest educational attainment is (less than) the primary school (reference group)
小学文化及以下						户主的最高学历是否(少于)小学(参照组别)
Middle or Vocational School (=1)	8092	0.606	0.489	0 (3185)	1 (4907)	Binary: whether the household head's highest educational attainment is middle school (or vocational school)
中学或职业学校						户主的最高学历是否为中学(或职业学校)
Bachelor Degree or Above (=1)	8092	0.080	0.271	0 (7444)	1 (648)	Binary: whether the household head's highest educational attainment is university education or above (postgraduate study or PhD)
本科及以上						户主的最高学历是否为大学或以上学历(研究生或博士)
Unemployment (=1)	8092	0.283	0.451	0 (5799)	1 (2293)	Binary: whether the household head is unemployed (reference group)
失业						户主是否失业(参照组)
Farmer (=1)	8092	0.263	0.441	0(5960)	1(2132)	Binary: whether the household head is a farmer
农民						户主是否为农民
Freelance (=1)	8092	0.041	0.197	0(7764)	1(328)	Binary: whether the household head is a freelancer
自由职业者						户主是否为自由职业者

续表

Variables	Observations	Mean	S. D.	Min	Max	Explanation
Entrepreneurs (=1)	8092	0.087	0.282	0 (7385)	1 (707)	Binary: whether the household head is an entrepreneur
企业主						户主是否为企业主
Employees (=1)	8092	0.324	0.468	0 (5467)	1 (2625)	Binary: whether the household head is employed by a company or an institution
职员						户主是否受雇于公司或机构
Low – Income Class (=1)	8092	0.251	0.434	0 (6059)	1 (2033)	Binary: whether the household income lies within the range of the lowest 25% of all households' incomes within the same province (reference group)
低收入阶层						家庭收入是否在全省所有家庭收入的最低 25% 范围内（参照组）
Middle – Income Class (=1)	8092	0.500	0.500	0 (4047)	1 (4045)	Binary: whether the household income lies within the range between 25% and 75% of all households' incomes within the same province
中等收入阶层						家庭收入是否在全省所有家庭收入的 25% ~75% 之间

续表

Variables	Observations	Mean	S. D.	Min	Max	Explanation
Top – Income Class (=1)	8092	0.249	0.432	0 (6078)	1 (2014)	Binary: whether the household income lies within the range of the highest 25% of all households' incomes within the same province
高收入阶层						家庭收入是否在全省所有家庭收入最高的25%以内
Low – Durable – Value Level (=1)	8092	0.256	0.436	0 (6024)	1 (2068)	Binary: whether the household's durable goods value lies within the range of the lowest 25% of all households' durable goods values within the same province (reference group)
低水平耐用品价值						家庭耐用品价值是否在同一省份所有家庭耐用品价值最低25%的范围内(参照组)
Middle – Durable – Value Level (=1)	8092	0.496	0.500	0 (4077)	1 (4015)	Binary: whether the household's durable goods value lies within the range between 25% and 75% of all households' durable goods values within the same province
中等水平耐用品价值						家庭耐用品价值是否在全省所有家庭耐用品价值的25% ~75%之间

续表

Variables	Observations	Mean	S. D.	Min	Max	Explanation
Top – Durable – Value Level (=1)	8092	0.248	0.432	0 (6083)	1 (2009)	Binary: whether the household durable goods value lies within the range of the highest 25% of all households' durable goods values within the same province
高水平耐用品价值						家庭耐用品价值是否在全省所有家庭耐用品价值最高的25%范围内
Low – Liquid – Value Level (=1)	8092	0.480	0.450	0 (4208)	1 (3884)	Binary: whether the household's liquid assets value lies within the range of the lowest 25% of all households' liquid assets values within the same province (reference group)
低水平流动资产						家庭流动资产价值是否在全省流动资产价值最低25%的范围内(参照组)
Middle – Liquid – Value Level (=1)	8092	0.301	0.459	0 (5660)	1 (2432)	Binary: whether the household's liquid assets value lies within the range between 25% and 75% of all households' liquid assets values within the same province
中等水平流动资产						家庭流动资产价值是否在全省所有家庭流动资产价值的25% ~75%之间

续表

Variables	Observations	Mean	S. D.	Min	Max	Explanation
Top – Liquid – Value Level (=1)	8092	0. 219	0. 414	0 (6316)	1 (1776)	Binary: whether the household liquid assets value lies within the range of the highest 25% of all households' liquid assets values within the same province
高水平流动资产						家庭流动资产价值是否在全省家庭流动资产价值最高的25%范围内
Private Business (=1)	8092	0. 133	0. 340	0 (7015)	1 (1077)	Binary: whether the household is involved in private commercial activities
参与商业活动						家庭是否参与私人商业活动
Income Shock (=1)	8092	0. 476	0. 499	0 (4243)	1 (3849)	Binary: whether the household received lower income in the last year than it received in previous years
收入冲击						家庭上年的入息是否较往年低
Owns Accommodation (=1)	8091	0. 912	0. 284	0 (715)	1 (7376)	Binary: whether the household owns (an) accommodation(s) (legal certificate)
拥有住宅						家庭是否拥有住宅
Owns Car (=1)	8090	0. 146	0. 354	0 (6905)	1 (1185)	Binary: whether the household owns (a) car(s)
拥有汽车						家庭是否拥有汽车

续表

Variables	Observations	Mean	S. D.	Min	Max	Explanation
Risk Averse（=1） 风险厌恶	8092	0. 595	0. 491	0（3277）	1（4815）	Binary：whether the household head prefers to invest in projects with low risk and low profit when he/she has cash lying around 当户主手头有现金时，他/她是否愿意投资低风险、低利润的项目
Risk Neutral（=1） 风险中性	8092	0. 256	0. 437	0（6019）	1（2073）	Binary：whether the household head prefers to invest in projects with medium risk and medium profit when he/she has cash lying around 当户主手头有现金时，他/她是否愿意投资中等风险和中等利润的项目
Risk Seeking（=1） 风险偏好	8092	0. 133	0. 340	0（7016）	1（1076）	Binary：whether the household head prefers to invest in projects with high risk and high profit when he/she has cash lying around 当户主手头有现金时，他/她是否愿意投资高风险、高利润的项目

续表

Variables	Observations	Mean	S. D.	Min	Max	Explanation
Seatbelt（=1）	8092	0.447	0.497	0（4473）	1（3619）	Binary：whether the household head wears a seatbelt in the car
安全带						户主是否在车内系安全带
Following Economic News（=1）	8092	0.505	0.500	0（4005）	1（4087）	Binary：whether the household head follows economic news in his/her daily life
关注经济新闻						户主是否在日常生活中关注经济新闻
Positive Economic Prediction（=1）	8092	0.206	0.404	0（6428）	1（1664）	Binary：whether the household head holds strong positive expectations of the Chinese economy
经济预期积极						户主是否对中国经济抱有强烈的正面预期
Rural（=1）	8092	0.388	0.487	0（4950）	1（3142）	Binary：whether the household is located in a rural area
农村地区						家庭是否位于农村地区
Public Security Evaluation	8080	3.496	0.887	1	5	Household head's subjective evaluation of the security environment of the neighborhood
公共安全评价						户主对小区安全环境的主观评价
No. of Banks in the Community	8092	4.625	2.034	1	10	Number of bank branches located in the community
社区中的银行个数						位于社区内的银行网点数量

续表

Variables	Observations	Mean	S. D.	Min	Max	Explanation
No. of Information Sources	8092	2.083	1.157	0	7	Number of primary information channels the household head relies on
信息来源个数						户主所依赖的主要信息渠道数量
High Donation Community	8092	0.555	0.497	0（3503）	1（4489）	Binary：whether the household locates in the community in which the percentage of residents that donated to victims of the 2008 Sichuan Earthquake is above the sample median（80%）
高捐赠率社区						家庭是否位于2008年四川地震受灾户捐款比例高于样本中位数（80%）的社区

Bank Loan Apply 和 *Bank Loan Granted* 描述了家庭对银行信贷的需求和银行提供信贷的意愿。在样本中，17% 的家庭（1283 户）申请了银行信贷，83.2% 的家庭（1067 户）成功获得了银行信贷，这表明银行贷款申请的拒收率相对较低。虽然银行接受信贷申请的比率相当高，但仍有 28.2% 的家庭（2285 户）有非正式信贷。银行信贷申请的高接受率和非正规借贷活动的盛行表明，非正规信贷在中国是一种受欢迎甚至是首选的金融工具。

户主是家庭中最具代表性的个体，因为他们肩负着养家糊口和做出最终决定的责任。因此，笔者引入每个户主的特征来代表单个家庭的基本信息。

女性户主占样本的 26.6%。大多数户主都是中年人（30 ~ 60 岁），20.2% 的户主是党员。样本中，学历为中学或职业学校的学生占大多数，约有 1/3 的户主只受过小学或更低的教育。在职业方面，样本中 28.3% 的户主是失业者，农民、自由职业者、雇员和企业家分别占样本的 26.3%、4.1%、8.7% 和 32.4%。

实证检验还考虑了户主的风险偏好和个人特征。如前所述，笔者使用风险规避、风险中性和风险偏好来确定户主的风险偏好水平。超过一半的样本是规避风险的；只有 13.3% 的户主在寻求风险。只有 44.7% 的户主在开车时系安全带，这表明户主的谨慎程度较低。一半的户主在日常生活中关注经济新闻，只有 20.6% 的户主对中国经济抱有强烈的正面预期。

关于家庭的经济条件，笔者依据省份，将家庭收入（耐用资产价值或流动资产价值）低于该省的 25 百分位，代表低收入（耐用资产价值或流动资产价值）群体，以及家庭收入（耐用资产价值或流动资产价值）高于该省的 75 百分位，代表高收入（耐用资产价值或流动资产价值）群体。笔者将剩余的家庭划分为中等收入家庭（耐用资产价值或流动资产价值）群体。样本中，家庭经济状况的分布符合我们的分类，中等经济状况的家庭（收入、耐用资产和流动资产）占样本的一半，而高经济状况、低经济状况的家庭各占样本的 25% 左右。此外，14.6% 的家庭拥有汽车，91.2% 的家庭拥有住房产权，这表明他们拥有宝贵的固定资产。虽然 13.3% 的家庭从事私人商业活动，但 47.6% 的家庭在过去一年遭受收入冲击，这表明在我们的样本中，家庭经济状况存在很大差异。

关于社区层面的特征变量，在我们的样本中，约有 1/3 的家庭位于农村地区。社区平均银行网点数为4家以上，网点数最多的社区内有10家银行网点。55.5%的家庭生活在至少80%的居民向2008年四川地震灾民捐款的社区，这表明超过一半的家庭生活在社会资本水平较高的社区。

4.4.2 Heckman 选择模型

运用Heckman选择模型，本研究旨在考察家庭非正规金融市场负债在银行信贷配置过程的两个决策阶段中的作用。为了研究银行在不同的社会环境中对信贷申请人非正规金融市场负债的判断是否存在差异，笔者考察了社会资本密集社区和社会资本稀缺社区的家庭之间的银行信贷分配过程。

表4-2　社会资本稀缺社区家庭间的银行信贷分配过程

	(1)	(2)	(3)
Explanatory Variables	**Selection Equation**	**Outcome Equation**	**Outcome Equation (Marginal Effect)**
	Bank Loan Apply (=1)	**Bank Loan Approval (=1)**	**Bank Loan Approval (=1)**
Informal Lending (=1)	0.628**	0.508**	0.0869***
	(0.0696)	(0.0973)	(0.0161)
Demographic Characteristics			
Female (=1)	-0.125	0.108	0.0176
	(0.0982)	(0.147)	(0.0261)
Middle-Aged (=1)	0.492**	0.403**	0.0582**
	(0.156)	(0.204)	(0.0274)
Old (=1)	0.128	0.0638	0.0103
	(0.152)	(0.184)	(0.0302)
Political Affiliation (=1)	0.0737	0.279*	0.0495
	(0.106)	(0.163)	(0.0356)
Household Size	0.0275	0.0113	0.00180
	(0.0284)	(0.0379)	(0.00599)

续表

Explanatory Variables	(1) Selection Equation Bank Loan Apply (=1)	(2) Outcome Equation Bank Loan Approval (=1)	(3) Outcome Equation (Marginal Effect) Bank Loan Approval (=1)
Human Capital Characteristics			
Middle or Vocational School (=1)	-0.0292	0.0446	0.00705
	(0.0667)	(0.0935)	(0.0149)
Bachelor Degree or Above (=1)	0.472 *	2.939 **	0.803 ***
	(0.252)	(0.312)	(0.0502)
Farmer (=1)	0.0777	0.0929	0.0148
	(0.116)	(0.162)	(0.0270)
Freelance (=1)	-0.0157	0.186	0.0321
	(0.197)	(0.324)	(0.0628)
Entrepreneurs (=1)	0.134	0.0925	0.0152
	(0.227)	(0.257)	(0.0439)
Employees (=1)	-0.0184	0.0431	0.00691
	(0.175)	(0.226)	(0.0371)
Economic Conditions			
Middle - Income Class (=1)	0.0431	0.00765	0.00121
	(0.0859)	(0.0953)	(0.0151)
Top - Income Class (=1)	0.417 **	0.475 **	0.0884 ***
	(0.0834)	(0.123)	(0.0274)
Middle - Durable - Value Level(=1)	0.0411	0.0517	0.00818
	(0.0957)	(0.114)	(0.0179)
Top - Durable - Value Level (=1)	0.329 **	0.472 **	0.0874 **
	(0.146)	(0.161)	(0.0365)
Middle - Liquid - Value Level(=1)	-0.0998	-0.100	-0.0155
	(0.0805)	(0.103)	(0.0155)

续表

	(1)	(2)	(3)
Explanatory Variables	Selection Equation	Outcome Equation	Outcome Equation (Marginal Effect)
	Bank Loan Apply (=1)	Bank Loan Approval (=1)	Bank Loan Approval (=1)
Top – Liquid – Value Level (=1)	-0.322**	-0.365**	-0.0506***
	(0.0990)	(0.107)	(0.0139)
Economic Conditions			
Private Business (=1)	0.143	0.179	0.0302
	(0.133)	(0.181)	(0.0342)
Income Shock (=1)	-0.238**	-0.102	-0.0160
	(0.0919)	(0.109)	(0.0168)
Owns Accommodation (=1)	-0.0603	0.294	0.0399
	(0.169)	(0.281)	(0.0350)
Owns Car (=1)	0.0119	0.0497	0.00803
	(0.141)	(0.161)	(0.0265)
Personal Traits			
Risk Neutral (=1)	0.118	0.274**	0.0466**
	(0.0878)	(0.102)	(0.0204)
Risk Seeking (=1)	0.342**	0.348**	0.0633***
	(0.108)	(0.120)	(0.0232)
Seatbelts (=1)	-0.100	0.0209	0.00331
	(0.0836)	(0.0993)	(0.0159)
Following Economic News (=1)	0.0607	0.101	0.0161
	(0.0800)	(0.0960)	(0.0155)
Positive Economic Prediction (=1)	0.147	0.119	0.0195
	(0.0934)	(0.116)	(0.0198)

续表

Explanatory Variables	(1) Selection Equation	(2) Outcome Equation	(3) Outcome Equation (Marginal Effect)
	Bank Loan Apply (=1)	Bank Loan Approval (=1)	Bank Loan Approval (=1)
Environmental Characters			
Rural (=1)	0.234	0.246	0.0371
	(0.173)	(0.199)	(0.0284)
No. of Banks in the Community	-0.0184	0.0121	0.00192
	(0.0475)	(0.0532)	(0.00846)
Public Security Evaluation	0.0132	0.0136	0.00216
	(0.0424)	(0.0471)	(0.00745)
Exclusion Restriction			
No. of Information Sources	0.0461*	—	—
	(0.0244)	—	—
Constant	-2.230**	-2.882**	—
	(0.450)	(0.499)	—
No. of Observations	3433	475	475
$\rho = 0$	0.991**		—
	(0.020)		—
Joint Significance	Wald $\chi^2(30) = 743.18$**		—
Standard Errors Clustered at the Community Level	Yes		Yes
Sample Weight Adopted	Yes		Yes

注：模型中估计中引入抽样权值，并应用社区层面的聚类稳健标准误；模型中采用有限差分法计算平均边际效应（$***p<0.01$，$**p<0.05$，$*p<0.1$）。

表4-2显示了银行在向社会资本水平较低的社区申请人提供信贷方面的决策。首先，排他性限制变量信息源具有统计显著性，这证实了模型是在

结构形式下估计的，而不是线性形式。此外，零假设$\rho = 0$在5%的水平被拒绝，这表明选择性偏差存在于信贷分配过程，有必要应用 Heckman 方法。

在选择方程中，非正规贷款作为主要考察变量，在1%水平显著，系数为正，说明非正式贷款活动的增加促进了家庭对正式融资活动的需求。在非正规金融市场融资的家庭可能会从银行寻求额外的信贷，因为他们可能打算从银行借款来偿还现有的非正式信贷。如前所述，非正规融资渠道是家庭获得小额、经常性资金的主要来源，用于平稳日常消费和应对突发事件。在正规金融资源有限的地区，居民严重依赖非正规保险机制，这种机制基于信任和义务，以寻求支持和防范风险。因此，家庭尽力按时偿还非正规债务，避免使其非正规借贷关系紧张（Zeller, 1994；Collins 等，2009）。基于非正规金融对家庭日常风险管理的重要性，以及对被社会压力指责的恐惧，家庭使用额外的银行信贷来偿还未偿还的非正规债务的可能性较高。

在结果方程中，非正规借贷行为在1%水平下为正显著，表明与没有非正规信贷的申请人相比，银行更愿意向已有非正规债务的申请人提供贷款。这一结果证实了 H1 假说，即在社会资本水平较低的社区，银行将家庭现有的非正规债务视为信誉度的证明。在社会资本匮乏的地区，大多数居民在经济上以自利性为主，缺乏合作与互助精神。地方非正规贷款机构发放贷款的依据是对借款人资信和还款能力的严格评估，而不是义务或社会支持。因此，银行了解到非正规债权人更了解债务人的日常表现，并将贷款申请人的非正规金融市场负债视为信誉度的信号。同时，向具有非正规债务的贷款申请人提供贷款也降低了银行的筛选和监控成本。

在社会资本水平较低的社区，大多数控制变量的检验符合预期。与年轻户主相比，中年户主更有可能申请银行信贷，他们的申请也更有可能被接受。这可能是因为中年户主更有经验、更有能力维持稳定的收入，更善于还款。有政治背景的申请人往往更受银行青睐。这与之前的研究一致，即政治关系赋予发展中国家的金融市场优势（Khwaja 和 Mian, 2005；Faccio, 2006；Zhou, 2009）。上过大学的户主申请贷款更积极，且他们的申请更有可能被银行接受，说明受教育程度在银行信贷分配过程中更具优势。以收入高、耐用品资产丰富为特点的富裕家庭申请银行信贷的动机更强，也明显受到银行的青睐。拥有充足流动资产的家庭申请银行信贷的可能性较小，他们的申请更有可能被银行拒绝。经历收入下降的家庭也不太愿意申请银行贷款。与厌恶风险的户主相比，风险中性和追求风险的户主更有可能获得银行的融资。

表4-3显示了Heckman模型的结果，该模型检验了位于社会资本密集社区的家庭之间的银行分配信贷情况。排他性限制变量的显著证实了模型的结构性解释，同时表明原假设$\rho=0$在10%的水平被拒绝，表明应用Heckman模型的合理性。

在选择方程中，非正规贷款在1%水平显著且系数为正，表明非正规融资家庭申请银行信贷的动机始终较强。然而，在结果方程中，非正式贷款系数在1%水平下显著为负，意味着有非正规债务的申请人更有可能在银行的配置决策中被拒绝。这证实了H2，即在社会资本密集的社区中，居民表现出更多的经济合作行为，银行将申请人现有的非正式债务解释为风险的信号。原因是，在社会资本密集的社区，居民之间关系密切，相互信任程度高。频繁地互动和社会支持行为鼓励居民严重依赖他们的社交网络来获得非正式信贷，以平滑日常消费和应对风险。居民更珍惜非正规借贷关系而不是银行借贷关系，因为他们的非正规信贷关系代表了社交网络提供的帮助和社会支持。向非正规融资居民提供信贷，使银行面临很高的违约风险，因为居民很可能首先还清非正规债务，甚至使用银行信贷来偿还非正规信贷。

在银行筛选申请人的过程中，申请人的非正规债务向银行展现出相互矛盾的信号效应。该现象表明，当申请人所处社区的社会环境差异较大时，银行会改变其资金分配策略。

表4-3　社会资本密集社区家庭间的银行信贷分配过程

	(1)	(2)	(3)
Explanatory Variables	Selection Equation	Outcome Equation	Outcome Equation (Marginal Effect)
	Bank Loan Apply (=1)	Bank Loan Approval (=1)	Bank Loan Approval (=1)
Informal Lending (=1)	0.357**	-0.475**	-0.0274**
	(0.0840)	(0.172)	(0.0135)
Demographic Characteristics			
Female (=1)	0.112	-0.0223	-0.00114
	(0.0688)	(0.140)	(0.00717)

续表

	(1)	(2)	(3)
Explanatory Variables	**Selection Equation** **Bank Loan Apply (=1)**	**Outcome Equation** **Bank Loan Approval (=1)**	**Outcome Equation (Marginal Effect)** **Bank Loan Approval (=1)**
Middle - Aged (=1)	-0.0520	0.153	0.00830
	(0.141)	(0.121)	(0.00706)
Old (=1)	-0.331**	0.360**	0.0156**
	(0.150)	(0.183)	(0.00640)
Political Affiliation (=1)	0.137*	0.179	0.00820
	(0.0732)	(0.151)	(0.00667)
Household Size	0.0387	-0.00475	-0.000241
	(0.0269)	(0.0289)	(0.00147)
Human Capital Characteristics			
Middle or Vocational School (=1)	0.0765	0.382**	0.0212**
	(0.0851)	(0.146)	(0.0102)
Bachelor Degree or Above (=1)	0.579**	0.396	0.0154**
	(0.112)	(0.246)	(0.00784)
Farmer (=1)	0.244*	0.0124	0.000624
	(0.132)	(0.230)	(0.0116)
Freelance (=1)	-0.0256	0.319	0.0126
	(0.198)	(0.255)	(0.00795)
Entrepreneurs (=1)	0.0380	0.0638	0.00311
	(0.163)	(0.215)	(0.00996)
Employees (=1)	0.0967	0.221	0.0103
	(0.125)	(0.196)	(0.00937)
Economic Conditions			
Middle - Income Class (=1)	-0.138*	0.369**	0.0192**
	(0.0720)	(0.156)	(0.00934)

续表

Explanatory Variables	(1) Selection Equation Bank Loan Apply (=1)	(2) Outcome Equation Bank Loan Approval (=1)	(3) Outcome Equation (Marginal Effect) Bank Loan Approval (=1)
Top – Income Class (=1)	0.0546	0.505**	0.0220***
	(0.0808)	(0.180)	(0.00780)
Middle – Durable – Value Level(=1)	–0.0396	–0.0703	–0.00358
	(0.0888)	(0.149)	(0.00761)
Top – Durable – Value Level (=1)	0.0688	–0.233	–0.0129
	(0.102)	(0.178)	(0.0111)
Economic Conditions			
Middle – Liquid – Value Level (=1)	–0.177**	0.254*	0.0117*
	(0.0747)	(0.131)	(0.00596)
Top – Liquid – Value Level (=1)	–0.119	–0.00509	–0.000259
	(0.105)	(0.142)	(0.00721)
Private Business (=1)	0.247**	–0.0206	–0.00105
	(0.105)	(0.221)	(0.0114)
Income Shock (=1)	0.0916	0.0694	0.00350
	(0.0643)	(0.117)	(0.00601)
Owns Accommodation (=1)	0.897**	0.462	0.0337
	(0.246)	(0.587)	(0.0609)
Owns Car (=1)	0.156**	–0.0657	–0.00345
	(0.0742)	(0.149)	(0.00819)
Personal Traits			
Risk Neutral (=1)	0.122	–0.228*	–0.0127
	(0.0815)	(0.123)	(0.00812)
Risk Seeking (=1)	0.280**	–0.305**	–0.0186
	(0.129)	(0.155)	(0.0115)

续表

Explanatory Variables	(1)	(2)	(3)
	Selection Equation	**Outcome Equation**	**Outcome Equation (Marginal Effect)**
	Bank Loan Apply (=1)	**Bank Loan Approval (=1)**	**Bank Loan Approval (=1)**
Seatbelts (=1)	-0.101	-0.0289	-0.00147
	(0.0711)	(0.156)	(0.00802)
Following Economic News (=1)	0.190**	-0.158	-0.00794
	(0.0596)	(0.120)	(0.00624)
Positive Economic Prediction (=1)	0.0623	-0.171	-0.00939
	(0.0778)	(0.134)	(0.00806)
Environmental Characters			
Rural (=1)	0.00932	0.0316	0.00160
	(0.110)	(0.231)	(0.0116)
No. of Banks in the Community	0.0222	0.0627	0.00318
	(0.0434)	(0.0536)	(0.00270)
Public Security Evaluation	0.00636	0.203**	0.0103**
	(0.0448)	(0.0754)	(0.00471)
Exclusion Restriction			
No. of Information Sources	0.105**	—	—
	(0.0384)	—	—
Constant	-2.781**	0.129	—
	(0.372)	(0.888)	—
No. of Observations	4090	808	808
= 0	-0.931*		—
	(0.126)		—
Joint Significance	Wald $\chi^2(30) = 131.33$**		—
Standard Errors Clustered at the Community Level	Yes		Yes

续表

Explanatory Variables	(1)	(2)	(3)
	Selection Equation	Outcome Equation	Outcome Equation (Marginal Effect)
	Bank Loan Apply (=1)	Bank Loan Approval (=1)	Bank Loan Approval (=1)
Sample Weight Adopted	Yes		Yes

注：模型中估计中引入抽样权值，并应用社区层面的聚类稳健标准误；模型中采用有限差分法计算平均边际效应（$***p<0.01$，$**p<0.05$，$*p<0.1$）。

控制变量的检验结果也显示了一些有趣的发现。与年轻户主相比，老年户主更有可能获得银行信贷。银行也更青睐教育程度较高的户主。收入始终是获得银行信贷的一个重要决定因素，收入较高的家庭有更好的信贷渠道。社会资本匮乏的社区和社会资本密集的社区之间的另一个区别是，在社会资本密集的社区中，风险厌恶型的户主比风险中性或寻求风险的户主更有可能从银行获得贷款。我们的解释是，银行试图避免将贷款发放给使用银行信贷偿还非正规信贷的申请人，且认为这些借款人风险更高，因为他们愿意承担银行信贷违约的风险。

4.5 结　论

本章以中国 8348 户家庭为研究对象，研究了家庭未偿债务对银行信贷分配决策的信号效应。为了确定家庭非正规负债是否在不同的社会环境中向银行传递不同的信号，笔者考察了银行如何决定向位于社会资本水平高的社区的家庭和社会资本水平低的社区的家庭提供信贷的决策差异。

结果表明，在社会资本密集的社区，银行认为家庭现有的非正规债务是风险的信号，因为非正规信贷是社区中非正式保险网络向成员家庭提供的一种支持措施。为了确保未来持续受到非正式保险机制的保护，家庭总是选择先还清非正式债务，而把银行信贷放在还款清单的第二位。由于这种还款行为使银行面临很高的违约风险，银行更愿意向没有非正规信贷的家庭提供贷款。然而，在社会资本水平较低的社区，大多数居民相互之间的合作意愿较低，在经济上的自利性较强。家庭的非正式债务不太可能是义务性贷款或互惠贷款，而更倾向于基于非正式贷款方对借款人的信用价值和还款能力的严格评估。因此，银行认为家庭未偿还的非正式债务是信誉的信号，更倾向于向非正式融资的家庭提供贷款。

本章的研究结果对促进正式借贷者和非正式借贷者之间信息合作的政策支持具有重要意义。由于非正规贷款机构相对于银行拥有当地的信息优势，因此分享借款人过去的债务、违约历史和信用评级等信息，将是减少这两个融资部门之间分割的有效途径，并提高向广大民众提供信贷的渠道。建立正式和非正式借贷者之间有效的信息共享渠道和合作机制，将减少银行的筛选和监测成本，提高非正式借贷者的盈利能力，并提高两个融资部门的资金重新分配效率。

参考文献

[1] Allen F., Qian J., Qian M. Law, finance, and economic growth in China[J]. Journal of Financial Economics, 2005, 77 (1): 57 - 116.

[2] Allen, F. Chakrabarti R., De S., Qian J, Qian M. Financing firms in India[J]. Journal of Financial Intermediation 2012, 21 (3): 409 - 445.

[3] Andersen T. B., Malchow - Møller N. Strategic Interaction in Undeveloped Credit Markets[J]. Journal of Development Economics, 2006, 80 (2): 275 - 298.

[4] Arnold L. G., Riley J. G. On the Possibility of Credit Rationing in the Stiglitz - Weiss Model[J]. American Economic Review. 2009, 99 (5): 2012 - 2021.

[5] Ayyagari M, Asli D, Maksimovic V. Formal versus Informal Finance: Evidence from China [J]. Review of Financial Studies, 2010, 23 (8): 3048 - 3097.

[6] Banerjee A, Besley T., Guinnane T. W. Thy Neighbor's Keeper: The Design of a Credit Cooperative with Theory and a Test[J]. Quarterly Journal of Economics, 1994, 109 (2): 491 - 515.

[7] Basu K. One kind of power[J]. Oxford Economic Papers, 1986, 38: 259 - 282.

[8] Bell C. , Srinivasan T. N. , Udry C. Rationing, spillover, and interlinking in credit markets: The case of rural Punjab[J]. Oxford Economic Papers, 1997, 49 (4): 557 -585.

[9] Bester H. The role of collateral in credit markets with imperfect information[J]. European Economic Review, 1987, 31 (4): 887 -899.

[10] Biais B. , Gollier C. Trade credit and credit rationing[J]. Review of Financial Studies, 1997, 10 (4): 903 -937.

[11] Bogan V. Stock market participation and the internet[J]. Journal of Financial and Quantitative Analysis, 2008, 43 (1): 191 -212.

[12] Buonanno P. , Montolio D. , Vanin P. Does Social Capital Reduce Crime? [J]. Journal of Law and Economics, 2009,52(1):145 -170.

[13] Cameron A. C. , Trivedi P. Microeconometrics: Methods and applications[M]. New York, NY: Cambridge University Press. 2009.

[14] Coate S. , Ravallion M. Reciprocity without commitment: characterization and performance of informal insurance arrangements[J]. Journal of Development Economics, 1993, 40 (1): 1 -24.

[15] Cohen L. , Frazzini A. , Malloy C. The small world of investing: board connections and mutual fund returns[J]. Journal of Political Economy 2008,116 (5): 951 -979.

[16] Collins D. , Morduch J. , Rutherford S. , Ruthven O. Portfolios of the Poor: How the World's Poor Live on $2 a Day[M]. New Jersey: Princeton University Press. 2009.

[17] Comola M. The Network Structure of Informal Arrangements: Evidence from Rural Tanzania, PSE Working Paper 2008 -74.

[18] Das U. Does Political Activism and Affiliation Affect Allocation of Benefits in the Rural Employment Guarantee Program: Evidence from West Bengal, India[J]. World Development, 2015, 67: 202 -217.

[19] Dasgupta B. Capital accumulation in the presence of informal credit constraints: does the incentive mechanism work better than credit rationing under asymmetric information? [D]. University of Connecticut, Department of Economics Working Paper Series. 2004, No. 32.

[20]Dercon S. Insurance against Poverty. WIDER Studies in Development Economics[M]. Oxford: Oxford University Press. 2006.

[21]Dercon S., Krishnan P. In sickness and in health: risk - sharing within households in rural Ethiopia[J]. Journal of Political Economy, 2000, 108 (4): 688 - 727.

[22]Diamond D. W. Reputation acquisition in debt markets[J]. Journal of Political Economy, 1989, 97 (4): 828 - 862.

[23]Faccio M. Politically connected firms[J]. American Economic Review, 2006, 96: 369 - 386.

[24]Fafchamps M. Solidarity Networks in Pre - Industrial Societies: Rational Peasants with a Moral Economy[J]. Economic Development and Cultural Change, 1992, 41 (1): 147 - 174.

[25]Fafchamps M. Risk sharing and quasi - credit[J]. Journal of International Trade & Economic Development, 1999, 8 (3): 257 - 278.

[26]Fafchamps M., F. Gubert. The formation of risk sharing networks[J]. Journal of Development Economics, 2007, 83 (2): 326 - 350.

[27]Fafchamps M., Lund S. Risk - sharing networks in rural Philippines [J]. Journal of Development Economics, 2003, 71 (2): 261 - 287.

[28]Ferrara E. L. Kin Groups and Reciprocity: A Model of Credit Transactions in Ghana[J]. American Economic Review, 2003, 93 (5): 1730 - 1751.

[29]Gan L., Yin Z., Jia N., Shu X, Ma S., Zheng L. Data You Need to Know About China: Research Report of China Household Finance Survey[R]. Berlin: Springer. 2014.

[30]Ghate P. B. Interaction between the formal and informal financial sectors: the Asian experience [J]. World Development, 1992a, 20 (6): 859 - 872.

[31]Ghate P. B. Informal finance: some findings from Asia[M]. Manila: Oxford University Press for the Asian Development Bank. 1992b.

[32]Giannetti M., Burkart M., Ellingsen T. What you sell is what you lend? Explaining trade credit contracts[J]. Review of Financial Studies, 2011, 24 (4): 1261 - 1298.

[33]Giné X. Access to capital in rural Thailand: an estimated model of formal vs. informal credit[J]. Journal of Development Economics, 2011, 96 (1): 16 -29.

[34]Grandjean G. Risk - sharing networks and farsighted stability[J]. Review of Economic Design, 2014, 18 (3): 191 -218.

[35]Grimard F. Household consumption smoothing through ethnic ties: evidence from Cote d' Ivoire[J]. Journal of Development Economics, 1997, 53 (2): 391 -422.

[36]Grossman S. J., Stiglitz J. E. On the impossibility of informationally efficient markets[J]. American Economic Review, 1980, 70 (3): 393 -407.

[37] Guirkinger C. Understanding the coexistence of formal and informal credit markets in Piura, Peru [J]. World Development, 2008, 36 (8): 1436 -1452.

[38]Guiso L., Sapienza P., Zingales L. The Role of Social Capital in Financial Development[J]. American Economic Review, 2004, 94 (3): 526 -556.

[39]Guiso L., Sapienza P., Zingales L. Trusting the stock market[J]. Journal of Finance, 2008, 63: 2557 -2600.

[40]Hoff K., Stiglitz J. Imperfect Information and Rural Credit Markets: Puzzles and Policy Perspectives[J]. World Bank Economic Review, 1990, 5: 235 -250.

[41]Hong H., Kubik J. D., Stein J. C. Social interaction and stock - market participation[J]. Journal of Finance, 2004, 59: 137 -163.

[42]Khwaja A. I., Mian A. Do lenders favor politically connected firms? Rent provision in emerging financial market[J]. Quarterly Journal of Economics, 2005, 120 (4): 1371 -1411.

[43]Kinnan C., Townsend R. Kinship and Financial Networks, Formal Financial Access, and Risk Reduction[J]. American Economic Review, 2012, 102 (3): 289 -293

[44]Kochar A. An empirical investigation of rationing constraints in rural credit markets in India[J]. Journal of Development Economics, 1997, 53 (2): 339 -371.

[45] Liang P. , Guo, S. Social interaction, Internet access and stock market participation—An empirical study in China[J]. Journal of Comparative Economics, 2015, 43 (4): 883 - 901.

[46] Ligon E. , Thomas J. P. , Worrall T. Mutual insurance, individual savings, and limited commitment[J]. Review of Economic Dynamics, 2000, 3 (2): 216 - 246.

[47] Ligon E. , Thomas J. P. , Worrall T. Informal insurance arrangements in village economies[J]. Review of Economic Studies, 2001, 69 (1): 209 - 244.

[48] Lu Y. , Turvey C. G. The influencing factors and urban - rural differences in the behavior of household risky assets holding in China[J]. Finance and Trade Economics, 2014, 9: 72 - 81.

[49] Madestam A. Informal finance: A theory of moneylenders[J]. Journal of Development Economics, 2014, 107: 157 - 174.

[50] Meza D. D. , Webb D. Does credit rationing imply insufficient lending? [J]. Journal of Public Economics, 2000, 78 3: 215 - 234.

[51] Morduch J. Income smoothing and consumption smoothing[J]. Journal of Economic Perspectives, 1995, 9 (3): 103 - 114.

[52] Morduch J. Between the market and state: Can informal insurance patch the safety net? [J]. World Bank Research Observer, 1999, 14 (2): 187 - 207.

[53] Mushinski D. An analysis of loan offer functions of banks and credit unions in Guatemala [J]. Journal of Development Studies, 1999, 36 (2): 88 - 112.

[54] Nannicini T. , Stella A. , Tabellini G. , Troiano U. Social Capital and Political Accountability[J]. Economic Policy, 2013, 5 (2): 222 - 250.

[55] Petersen M. , Rajan R. The benefits of lending relationships: evidence from small business data[J]. Journal of Finance, 1994, 49 (1): 3 - 37.

[56] Petrick M. Empirical measurement of credit rationing in agriculture: a methodological survey[J]. Agricultural Economics. 2005, 33 (2): 191 - 203.

[57] Platteau J. P. Mutual insurance as an elusive concept in traditional rural communities [J]. Journal of Development Studies, 1997, 33 (6):

764 - 796.

[58]Platteau J. P. Institutions, Social Norms and Economic Development [M]. Switzerland: Harwood Academic Publishers. 2000.

[59]Platteau J. P., Ahmad E., Drèze J., Hills J, Sen A. Social Security in Developing Countries[M]. Oxford: Clarendon Press. 1991.

[60]Rosenzweig M. R., Stark O. Consumption smoothing, migration, and marriage: evidence from rural India[J]. Journal of Political Economy, 1989, 97 (4): 905 - 926.

[61]Stiglitz J., Weiss A. Credit rationing in markets with imperfect information[J]. American Economic Review, 1981, 73 (3): 383 - 410.

[62]Townsend R. M. Risk and insurance in village India[J]. Econometrica, 1994, 62 (3): 539 - 591.

[63]Tsai K. S. Imperfect substitutes: the local political economy of informal finance and microfinance in rural China and India [J]. World Development, 2004, 32 (9): 1487 - 1507.

[64]Udry C. Risk and Insurance in a Rural Credit Market: An Empirical Investigation in Northern Nigeria[J]. Review of Economic Studies, 1994, 61 (3): 495 - 526.

[65]Yin Z., Song Q., Wu Y. Financial literacy, trading experience and household portfolio choice[J]. Economic Research Journal, 2014, 4: 62 - 75.

[66]Zeller M. Determinants of credit rationing: A study of informal lenders and formal credit groups in Madagascar [J]. World Development, 1994, 22 (12): 1895 - 1907.

[67]Zhou W. Bank Financing in China's Private Sector: The Payoffs of Political Capital[J]. World Development, 2009, 37 (4): 787 - 799.

[68]Zhu G., Du Z., Zhang L. Guanxi, stock market participation and stock return[J]. Economic Research Journal, 2014, 11: 87 - 101.

5 普惠金融与贫困:基于相对收入的视角

5.1 引 言

针对金融市场发展对贫困人群的财富积累影响效果,学术界已有广泛而深入的讨论,但并未形成统一的结论。部分研究表明,金融发展通过提高资本配置效率以及放松信贷约束的方式,激发贫困人群进行商业活动的投资,并促进该群体积累人力资本(Aghion 和 Bolton,1997;Allen,Demirguc – Kunt,Klapper 和 Peria,2012;Beck,Demirguc – Kunt 和 Levine,2007;Demirguc – Kunt 和 Klapper,2013;Flug,Spilimbergo 和 Wachtenheim,1998;Galor 和 Moav,2004;Jacoby 和 Skoufias,1997)。相反,部分学者指出,普惠金融①会抑制穷人的财富积累,甚至导致贫困人群陷入持续贫困的情形。原因在于,金融服务的易得性引发了贫困人群的炫耀性消费(Moav 和 Neeman,2012;Frank,Levine 和 Dijk,2014)。社会中攀比现象的盛行,诱发财富和社会阶层较低的群体效仿富裕群体的消费方式——例如,通过购买奢侈品的方式告知外界自己是富裕阶层而非贫困群体(Becker 和 Rayo,2006;Moav 和 Neeman,2010;Bertrand 和 Morse,2013)。这种"攀比"的动机导致低收入家庭将大量财富投入与其收入水平不相符的炫耀性消费中,并通过持续性的消费贷款维持超额支出。该现象不仅抑制了贫困家庭的财富积累,其最终结果是导致持续性的贫困(Alvarez – Curdrado 和 Japaridze,2015;Kumhof,Ranciere 和 Winant,2015)。

本章基于充分的实证分析探究普惠金融对贫困家庭财富积累的效应:

① 普惠金融的定义是指贫困人群或偏远地区的居民有机会接触并使用正规金融机构所提供的金融服务(Demirgüç – Kunt 和 Klapper,2013)。

旨在检验普惠金融是否导致贫困家庭陷入贫困陷阱，或是激发贫困家庭合理利用金融服务与资源进行商业活动和教育活动投资，进而积累财富。在研究思路层面，本章并非按照传统的逻辑分析普惠金融是否促进贫困家庭的收入增长，而是基于信贷需求方的视角，创新性地检验家庭参与信贷市场并使用贷款的动机，进而推断其经济后果。具体而言，本研究将回答两个科学问题：贫困家庭间的收入比较行为是否引发该群体申请银行贷款？造成贫困家庭间的收入比较行为的动机是该群体间的嫉妒心理所引发的“攀比效应”还是贫困群体自我提升心里所形成的“隧道效应”？通过回答这些问题，本研究揭示贫困家庭如何使用金融工具（普惠金融）改变其生活水平。

为解答以上研究问题，本章使用中国家庭金融调查（CHFS）数据库对其进行实证检验。截至目前，该数据库是唯一提供关于中国家庭金融活动的全国代表性调查。基于对该全国性样本的检验，本章的实证分析结果表明，贫困家庭与其特征相近的群体（参考群体）比较收入是一种普遍现象，并且收入比较的行为显著影响贫困家庭金融市场的参与行为：当一个家庭的收入在其同群的收入分布中处于较低位置时，该家庭申请银行信贷的积极性更高。

为了明确收入比较激发贫困人群借贷行为的动因，本章进一步检验银行贷款申请者与银行贷款抑制者（有信贷需求但并未申请银行贷款的家庭）的消费行为差异与投资行为差异。结果表明，银行贷款申请者与抑制者之间在日常消费和炫耀性消费方面并未展现显著差异，然而，前者在教育和培训方面的投资明显高于后者。该结果有两个重要含义：首先，贫困家庭的信贷申请行为并非由“攀比效应”或炫耀性消费所引发；其次，信贷申请人在教育和培训方面的支出明显高于贷款抑制者，表明贫困人群志在通过使用金融工具积累人力资本，进而提升其财富水平及经济地位。

本研究的实证检验证实，在贫困人群的实际经济活动中，普惠金融并不会引发持续贫困。相反，“隧道效应”是激发贫困人群使用正规金融服务的动因：贫困人群的收入比较行为激发收入相对较低的家庭对提高自身生活水平有更高的憧憬，从而激发其利用金融服务积累财富和人力资本。

本研究对现有文献有两方面贡献。首先，本研究首次利用全国性的家庭微观数据，证明单个家庭关注其在参考群体（如社区邻居）所形成的收入分布中的相对地位，且该相对收入位置是影响个体家庭决定申请银行信贷的重要因素。与本研究相关的部分研究表明，区域收入不平等会引发当地家庭债务激增（Pollin，1990；Christen 和 Morgan，2005；Rajan，2010）。然而笔者认为，在实际生活中，个人情绪的变化（如满足感、匮乏感）和提升其自身经济状况的主动性，更多地受到该个体与其参考群体收入的比较（即相对收入）的影响，而并非区域收入的总体分布（或区域收入不平等）的影响。通过与他人的比较，人们能够更清晰地判断自己所处的位置，在比较中获得更准确的信息，并因此做出进一步的努力来提高自身水平（Miller 和 Paxson，2006）。

此外，本研究与已有文献的另一区别在于，本研究并未考察相对收入与家庭未偿债务之间的联系，而是更加精确地分析了相对收入对家庭申请贷款行为的影响。相较于未偿还的负债，家庭申请银行贷款的行为更准确地反映出收入比较对于家庭使用金融服务意愿和积极性的影响。如果分析中只对家庭的实际负债进行检验，则收入比较对于家庭使用金融服务意愿的影响将被低估。原因在于，部分相对收入较低的家庭在实际中已申请银行贷款，但由于其经济条件未达到银行授信标准，其申请被拒绝。如分析只考虑家庭已有负债，则被信贷申请拒绝群体的贷款申请行为将被忽视。

作为第二项贡献，本研究表明，家庭申请银行贷款的主要动机来源于“隧道效应”，并非“攀比效应”。已有研究指出，隧道效应是解释个人主观幸福感变化（Ravallion 和 Lokshin，2000；Senik，2004；Kingdon 和 Knight，2007；Senik，2008；Bookwalter 和 Dalenberg，2010）和经济行为产生（Akay 等，2012）的重要因素之一。然而，本研究首次证实，隧道效应所形成的积极预期和憧憬能够有效地激发个人参与金融市场并合理使用金融工具。“隧道效应”不仅为家庭金融行为决策提供了新的解释，同时为普惠金融如何惠及穷人提供了强有力的理论支持。具体而言，“隧道效应”为普惠金融的财富积累效应提供了动机层面的解释，即普惠金融通过引导贫困人群合理使用金融服务对人力资本投资，进而积累财富。该解释同时缓解了学界对于普惠金融负面效应的担忧，即向贫困人群提供银行贷款会引发该群体非理性消费的顾虑（Banerjee 和 Duflo，2006；Ravina，2007；Charles 等，2009；Kuhn 等，2011；Khamis 等，2012）。

5.2 文献回顾与假设的形成

5.2.1 相对收入假说

相对收入假说(Relative Income Hypothesis)是指,个体的效用水平并不决定于其绝对收入水平,而取决于其本人收入相对于参考群体(具有相似社会经济特征的群体)收入水平的比较(Clark 和 Oswald,1996;Pham,2005;Kingdon 和 Knight,2007)。大量研究表明,个体的相对收入与其主观幸福感之间的关系紧密(Easterlin,1974;Clark and Oswald,1996;Luttmer,2005;Card 等,2012)。当人们的收入超过其参考群体的收入水平时,其效用水平提升,反之则相反。

由于收入比较显著影响个人的效用函数,可以预见,收入比较是影响个体经济活动中行为决策的重要因素(Mujcic 和 Frijters,2012)。早期的研究表明,个体收入在其参考群体收入分布中的相对地位是解释个人(非理性)消费行为的重要因素(Veblen,1899;Duesenberry,1949)。近期研究进一步证实,相对收入影响个体的诸多行为决策,如移民决策(Stark 和 Taylor,1991)、投资组合决策(Gali,1994;Roussanov,2010)、高风险投资的需求(Becker 等,2005)、邻里选择(Clark 等,2009),以及工作中的努力程度(Bowles 和 Park,2005;Clark 等,2010)等。

本研究的重点在于分析收入比较对家庭金融行为决策的影响,通过分析"攀比效应"和"隧道效应"两个潜在的解释是否存在,探究家庭的收入水平在其参考群体收入分布中的相对位置是否影响其金融市场的参与行为。

5.2.2 攀比效应

作为第一个潜在的解释,"攀比效应"源于社会地位寻求理论(Veblen,1899;Duesenberry,1949;Hirsch,1976)。社会学家认为,个体关心自己在社会等级中的地位,并有与邻居亲戚等关系密切的人保持同样的生活水平(Maurer 和 Meier,2008;Guven 和 Sorenson,2012)。"攀比效应"表明,个体的主观幸福感与其参照群体的收入水平成反向关系①。造成该反向关系的原因在于他人的收入和地位的提高导致个体产生消极情绪，即嫉妒（Akay 等，2012）。嫉妒的产生促使收入处于相对较低水平的家庭急于提升自身的社会地位，而模仿富裕家庭的奢侈消费行为，如购买汽车、珠宝和其他奢侈品，可帮助贫困家庭向外界展现财富并造成其迅速获得社会认可的假象。毕竟与提升学历或谋求职业地位相比，购买奢侈品更容易被外界观察到，也更省时（Christen 和 Morgan，2005；Banerjee 和 Duflo，2006；Charles 等，2009；Khamis 等，2012）。然而，这种奢侈消费习惯所造成的支出水平远超出贫困家庭的收入水平，因此"攀比效应"所造成的经济后果是贫困家庭通常依赖过度的借债以支付与其经济能力不相符的炫耀性消费（Frank 等，2014）。

Frank 等（2014）通过建立消费者行为的理论模型，解释了为什么相对低收入的家庭会通过过度负债的方式实现炫耀性消费。该研究表明，当收入分布中位置较高的人群支出增加时，引发相对低收入群体同样增加支出，即产生消费级联。"攀比效应"促使相对贫困的家庭通过增加负债的方式支付炫耀性消费，进而使其暴露于过度负债的巨大风险中（Christen 和 Morgan，2005；Georgarakos 等，2014）。消费级联现象在诸多研究中均被证实，即相对低收入家庭杠杆比率持续性增高（Bertrand 和 Morse，2013；Carr 和 Jayadev，2014；Kumhof 等，2015）。

正如引言中指出，本章的突出贡献表现在两个层面。首先，通过关注家庭申请银行贷款的行为，更准确地估计收入比较对家庭参与金融市场行为的影响。其次，本研究首次在普惠金融分析中引入"隧道效应"的概念，即首次尝试检验隧道效应是否激发并引导贫困家庭利用正规金融服务进行投资，以改善财富状况。

5.2.3 隧道效应

收入比较引发家庭申请银行贷款的第二个潜在解释是"隧道效应"（Tunnel Effect），它指个人将其参照群体的进步或成功视为预测自身未来发

---

① 诸多研究表明相对收入与个体主观幸福感呈反向关系，如 Clark 和 Oswald（1996），McBride（2001），Ferrer - i - Carbonell（2005），Luttmer（2005）和 Clark 等（2008）。

展趋势的信号（Levi - garboua 和 Montmarquette，2001）。Hirschman 和 Rothschild（1973）首次用以下比喻描述了该效应：在一条隧道中的两列车辆朝同一方向行驶，此时发生了交通堵塞，两列车辆均停在隧道中。如果一列车辆突然开始向出口移动，而另一条车道仍保持停止，这时停止车道上的驾驶者会将其邻居车道的移动视为一个积极信号，并基于此信号判断他们也将很快驶出隧道。

“隧道效应”的含义是指个人的效用函数和经济行为同时受到当前收入满足状态和预期收入满足状态的影响（Hirschman 和 Rothschild，1973）。如果个体的参考群体通过商业投资或人力资本积累来提高其收入和社会地位，该现象会被个体认定为自身未来发展趋势的积极信号，并基于此提升自身对未来的预期。这种基于参考群体信号的认知学习过程，通常激发个人通过模仿他人的行为以获取成功，如利用银行信贷投资于商业活动或积累人力资本，最终达到积累财富的目的①。

诸多研究证明，个体的参考群体收入增加促使个体对未来形成积极预期，进而提升经济弱势群体的主观效用水平。隧道效应促使个体对未来形成积极预期的现象在发展中国家和转型经济体中表现尤为明显，如南非（Kingdon 和 Knight，2007；Bookwalter 和 Dalenberg，2010）、中国（Knight 等，2009；Knight 和 Gunatilaka，2011；Akay 等，2012）、俄罗斯（Ravallion 和 Lokshin，2000）和东欧（Senik，2008）等国家和地区。“隧道效应”在转型经济体中普遍存在，因为转型经济中的社会、市场环境复杂多变，民众所面对的是波动的收入和不确定的未来。转型经济中市场结构不断调整、制度环境多受到人为因素影响，以及劳动力回报的波动等因素，共同决定家庭的生活水平及社会地位均处于高度不稳定、不确定的状态。由于对自己的前景和个人能力回报的不确定，人们总是试图通过社交网络成员寻求信息，并基于此形成对其自身未来收入和财富状况的预期（Senik，2004）。因此，在快速发展变化的社会中，参考群体收入的增加预示着自身未来财富的改善，低收入家庭基于该积极信号通过向银行贷款的方式进行投资，以期提升自身的财富水平，该积极预期同时克服了“攀比效应”带来的嫉妒心理（Hirschman 和

---

① 诸多研究证实人力资本投资是提升个人相对收入水平的直接手段（Jacoby 和 Skoufias，1997；Flug 等，1998）。

Rothschild,1973)。

因此,本研究以全球最大的转型经济体之一——中国为研究对象,重点考察中国家庭的金融行为是否受到"隧道效应"的驱动。据笔者所知,本研究是第一次探究隧道效应对家庭金融行为的影响,具有一定的创新性。

5.2.4 假设的提出

根据以上理论,相对低收入群体的收入比较现象可能引发嫉妒心理和攀比效应,或是激发积极预期心理和隧道效应。以上两种效应均会刺激家庭向银行申请贷款。基于此,本章提出假设如下:

H1:参照群体收入增长是激励家庭进入金融市场并申请信用贷款的重要动因,即收入相对较低的家庭比收入相对较高的家庭展现出更强的申请贷款的积极性。

本章预期收入比较对不同收入群体申请贷款行为的影响程度会有所差异。具体而言,低收入群体,即收入低于参照群体的家庭,会因收入比较而产生强烈的借款动机,而相对高收入阶层对收入比较缺乏敏感。而贫困群体更关注于收入比较的原因是,他们的收入(或者更广泛地说,他们的社会地位)相对于参照群体而言相对较低。这种相对较低的社会地位会造成心理上的压力(Miller 和 Paxson,2006),促使低收入群体申请银行信贷,用于积累财富和人力资本的投资(即隧道效应),或是模仿富裕阶层的消费习惯来夸大其社会地位与财富水平(即攀比效应)。相比之下,富人对与参照群体收入差距的比较不敏感,因为社会地位和财富水平较高的家庭对其社会经济地位感到满意,该群体在比较中并无尚未满足的诉求(Hollander,2001)。现实中,人们更倾向于和社会地位及财富水平高于自身的群体进行比较。因此,经济弱势群体会在社会比较中产生负面效应,并刺激他们与富裕阶层在生活水平方面保持一致的欲望,但对于富裕阶层而言,社会比较中他们会发现自身的社会地位及财富水平高于其参照群体,因此社会比较并不会对该群体产生心理压力。学者们将这种现象描述为"收入比较的不对称性"(Duesenberry,1949;Frank,1985;Rizzo 和 Zeckhauser,2003;Oshio 等,2011)。基于此,本章对收入比较对不同收入群体间的异质性影响提出以下假设:

H2:收入比较会显著影响低收入家庭的金融行为,激励其申请银行贷款,而高收入家庭则不会。

尽管“攀比效应”和“隧道效应”均激发相对低收入家庭申请银行贷款，但对家庭而言，这两种截然不同的动机导致了相反的经济后果。“攀比效应”不仅抑制财富积累，同时可能导致家庭过度负债，陷入长期贫困（Moav 和 Neeman，2010）；“隧道效应”通过对未来的投资及财富积累，帮助穷人改善经济状况并逐步脱贫。本研究以中国家庭金融行为决策为研究对象，在一个由计划经济转变为市场经济的经济体下，中国家庭所面对的是复杂多变的政策市场环境和不稳定的收入水平，因此人们在收入比较中获得的信息更可能被认定为对自身前景的信号和预判。因此，笔者认为“隧道效应”是中国家庭收入比较中的主导效应，并据此提出以下假设：

H3：当参考群体收入增加时，隧道效应是中国家庭的主导反应，并且基于此动机申请银行信贷。

5.3 数据来源与指标说明

本章所选取的数据来自中国人民银行和西南财经大学于 2011 年联合进行的中国家庭金融调查（CHFS），该数据包含了 25 个省（自治区、直辖市）（除西藏、新疆以及内蒙古以外的所有大陆省份）、80 个县（区、市）、320 个社区（城市、乡村）共 8348 户家庭①。为确保样本涵盖具有全国代表性的信息，对于调查中的受访住户均采取三阶段随机化的分层抽样策略来随机抽取。

该数据提供了有关家庭金融史、金融行为以及金融资产的详细信息，具体包括储蓄、负债、保险及金融衍生品等。CHFS 是针对中国家庭金融活动最具代表性的调查。此外，该数据库还收集了大量有关家庭人口统计学特征、职业、收入、社会福利、支出、房地产、耐用品以及参与农业和商业活动等在内的相关信息②。由于其涵盖了家庭金融行为的详细信息，因此近期发表的一些文章都对该数据库做了相应的研究（Lu 和 Turvey，2014；Zhu，Du 和 Zhang，2014；Yin，Song 和 Wu，2014；Liang 和 Guo，2015）。

本研究通过调查中的两个问题来衡量家庭的信贷情况。在第一个问题中，每个受访家庭报告了自身是否有用于商业或是农业活动的银行贷款，回

---

① 更详细的中国家庭金融调查数据信息，请参考 Gan 等（2014）。

② 如需参考的调查问卷，请搜索 http://www.chfsdata.org/upload/CHFS－Questionnaire－CAPI－English.pdf。

答“是”的家庭被归为具有银行贷款需求并申请贷款的群体，回答“否”的家庭表明他们没有银行贷款，具体有四种选择：①不需要；②曾经有贷款，现已经还清；③需要，但没有申请过；④申请过被拒绝。选择前两种选项的家庭被标记为不需要银行贷款的家庭组成员，选择③的家庭被标记为需要银行贷款但从未申请的家庭组成员，而选择④的家庭则为需要并申请银行贷款的群体。

如图 5－1 所示，有信贷需求的家庭组由第一个问题中回答“是”的家庭以及第二个问题中选择③选项和④选项的家庭构成。在有信贷需求的群体中，申请者的这一子样本由第一个问题中回答“是”的家庭和第二个问题选择④的家庭构成。由于贷款申请的目的是投资于农业或是商业活动，因此仅有涉及农业或是商业活动的家庭（3761 户）接受访谈。在这 3761 户家庭中，946 户家庭属于信贷需求组，其中有 428 户是信贷申请者。因此，实证分析仅限于这 946 户家庭，这是由于调查一个家庭是否参与信贷市场并且从银行借款的决定因素时，一个先决条件是家庭需要外部资金，否则，分析结果可能出现偏差，比如家庭不申请银行信贷可能是由于家庭没有该种需求。

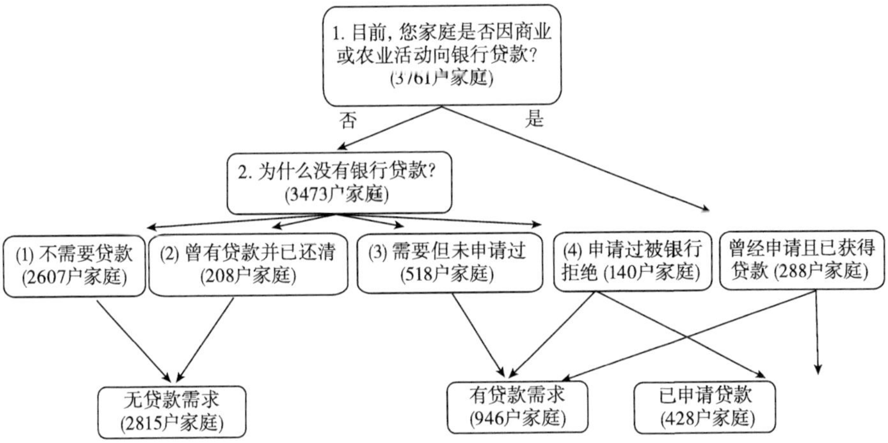

图 5－1　样本划分

5.4 模型与测度方法

5.4.1 基本回归模型

本章检验家庭申请银行信贷决定因素的方法是 Logit 回归，包括引入参照群体的收入，以检验收入比较的影响。基准模型为：

$$Bank\ Loan\ Apply_{ij} = \alpha_1 + \beta_1 Log(Income)_{ij} + \beta_2 Log(Reference\ Income)_{ij} + SC_{ij}\beta + X_{ij} + \varepsilon_{ij} \quad (5-1)$$

其中，被解释变量是位于社区 j（=1，2，…，320）的家庭 i（=1，2，…，946）和是否申请银行信贷。

5.4.2 收入指标

关于家庭规模，$Log(Income)_{ij}$ 是家庭同等个体人均收入的自然对数值。换言之，$Log(Income)_{ij}$ 来自每个家庭的总收入除以牛津等效量表所计算的家庭成员数。依据牛津等效量表，家庭中其中一个成人权重为 1，其他成年人权重为 0.7，儿童的权重为 0.5（Atkinson，Rainwater 和 Smeeding，1995；Jin，Li 和 Wu，2011；Miller 和 Paxson，2006；OECD，1982）。本章中所涉及的收入指标均基于家庭同等个体的人均收入计算①。

$Log(Reference\ Income)_{ij}$ 表示家庭 i 参考收入的自然对数值。选取家庭 i 的参照组的收入均值（或中位数）作为家庭参考收入的代理变量（McBride，2001；Miller 和 Paxson，2006；Dynan 和 Ravina，2007；Kingdon 和 Knight，2007；Charles 等，2009；Akay 等，2012）。

参照组决定了与个体进行比较的对象，所以参照组的选择尤为重要。

① 使用基于家庭同等个体的人均收入比使用人均收入能够更准确地反映收入对每个家庭的重要性。例如，A 家庭有三名成人，其中一名成人的月收入为 3000 美元。B 家庭有一名成人和两名儿童，成人的月收入为 3000 美元。因此，两家的人均收入都是每月 1000 美元，但是 A 家庭基于家庭同等个体的人均收入是 1250 美元，B 家庭基于家庭同等个体的人均收入是 1500 美元。将 A 家庭和 B 家庭基于家庭同等个体的人均收入进行比较，可以看出 A 家庭受收入的限制更大，而 B 家庭稍微富裕一些。这符合实际，因为 A 家庭的消费一般比 B 家庭多很多。如果用人均收入来衡量，就会忽略两家收入的重要性不同。

已有文献的常见做法是将参考群体定义为受访者所居住的地理区域的居民（Senik，2009；Akay 等，2012）。一些研究中将参照组定义为广泛的地理区域，例如国家（Easterlin，1995；Ferrer - i - Carbonell，2005），或是美国各州（Kaplan，Pamuk，Lynch，Cohen 和 Balfour，1996；Blanchflower 和 Oswald，2004）；也有一些研究注重关注当地的居民（Luttmer，2005；Kuhn 等，2011；Akay 等，2012；Georgarakos 等，2014）。参考已有文献，本章将一个家庭所在的社区定义为该家庭的参照组。大多数社交互动以及信息交换通常发生在邻居、当地亲属以及朋友之间，个体也往往与位于同一社区中的居民进行社交比较。因此，本章以社区中除 i 家庭之外的社区平均收入（或收入的中位数）来计算 i 家庭的参考收入。

除与邻居进行比较外，家庭的效用函数及金融行为可能会受到当前收入与过去收入之间相互比较的影响（Knight 和 Gunatilaka，2011）。收入增加的人可能更有动机来借款投资，这是由于其不断增长的收入能够确保未来的还款。SC_{ij} 代表家庭自我比较指标，收入增加（*Rising Income*）、（收入不变，或收入下降（*Unchanged Income or Falling Income*）均为哑变量，代表家庭在调查年度的年收入高于（大约相等或是低于）前几年的收入。X_{ij} 表示包括省份、社区以及家庭层面特征在内的控制变量①。

5.4.3 假设 1 的检验

参考 Ferrer - i - Carbonell（2005）和其他学者（McBride，2001；Miller 和 Paxson，2006；Dynan 和 Ravina，2007；Kingdon 和 Knight，2007；Charles 等，2009；Akay 等，2012；Oshio 等，2011）的研究，本章使用基于方程（5 - 1）的回归模型来检验假设 1。

首先，基准模型中仅包括家庭人均收入［$Log(Income)_{ij}$］以及控制变量 X_{ij}；它明确了家庭实际收入与金融决策之间的关系。由于相对富裕的家庭其现有财富能够确保其未来的信贷还款，因此一般认为家庭获取金融资源的动机随着实际收入的增长而有所增加。

其次，参考收入［$Log(Reference\ Income)_{ij}$］引入用于检验参考群体的平均收入（收入的中位数）对于家庭金融行为的影响。根据假设 1 来看，由于

---

① 变量的详细信息可参考附录表 C.1。

攀比效应或是隧道效应的存在，较高的参照收入更容易触发家庭的借贷行为。因此，预期 β_1 为正。

最后，本章添加了自我比较指标 SC_{ij}，来验证家庭借贷行为是否会随着时间的推移而受到家庭收入自我比较的影响。

5.4.4 假设 2 的检验

本章使用方程(5－2)来探究家庭收入与其参照组的差距对家庭借贷行为的影响。首先计算了收入的对数值与参照组收入对数值之差，即 $[Log(Income)]_{ij} - Log(ReferenceIncome)_{ij}$，并以此替代参照组收入的对数值。采取这一方法的主要原因有以下两方面：一方面，收入差距这一指标能够更加精确地衡量每个家庭在收入分配规模中的位置，以及每个家庭的收入与其参照组收入之间的差距（正向或负向）。因此，相较于参照组收入的对数值，收入差距更加准确地描述了收入比较如何影响家庭金融行为。另一方面，每个家庭的收入可能与其参照组的收入高度相关，在模型估计中可能会造成多重共线性。例如，高收入家庭位于富裕地区的可能性更大，而该地区的大多数居民均有着较高的收入水平。因此，收入差距可以有效地消除模型中的多重共线性问题，设定模型如下：

$$Bank\ Loan\ Apply_{ij} = \alpha_1 + \beta_1 Log(Income)_{ij} + \beta_2[Log(Income)_{ij} - Log(Reference\ Income)_{ij}] + SC_{ij}\beta + X_{ij}\gamma + \varepsilon_{ij} \quad (5-2)$$

根据第二章第 4 节中相关理论的概述，模型中收入差距这一指标的系数可能为负。当家庭收入低于参照组的收入，即收入差距为负值时，收入与参考收入的绝对距离越大，家庭申请信贷的可能性就越高，反之，则家庭申请信贷的倾向就越低。

为了进一步探究收入比较对不同收入群体金融行为的影响程度，本章在三个收入群体中分别进行实证检验，即低收入群体（收入最低的 1/3 的家庭）、中等收入群体（收入处于中间 1/3 位置的家庭）以及高收入群体（收入最高的 1/3 家庭）。

5.4.5 假设 3 的检验

在假设 3 中，笔者试图确定攀比效应或隧道效应是否为家庭从银行借贷的主要动机。尽管在实践中很难观测到信贷申请人借款的直接原因，但第二章的研究已经表明，两种不同的动机导致了不同的信贷使用方式：攀比效应会导致炫耀性消费，而隧道效应则会鼓励个体进行人力资本投资。

因此，本章将通过一系列检验来探究家庭的消费模式及人力资本投资激励，并预测家庭将如何使用信贷。首先，检验贷款申请人在日常用品、炫耀性商品或是奢侈品等方面比非申请人消费更多；其次，探究贷款申请人是否比非申请人在人力资本的积累上拥有更多的支出。直观地来看，第一系列检验能够确定家庭是否受到攀比效应的驱动而参与信贷市场，第二系列检验则确定了家庭参与信贷市场是否由人力资本积累的隧道效应所引发。方程如下：

$$Log(C)_{ij} = \alpha_2 + \beta_3 \, Bank\ Loan\ Apply_{ij} + \beta_4 \, Log(Income)_{ij} + SC_{ij}\beta + X_{ij}\gamma + \varepsilon_{ij} \quad (5-3)$$

$$Log(\mathrm{EE})_{ij} = \alpha_3 + \beta_5 \, Bank\ Loan\ Apply_{ij} + \beta_6 \, Log(Income)_{ij} + SC_{ij}\beta + X_{ij}\gamma + \varepsilon_{ij} \quad (5-4)$$

其中，C_{ij} 代表家庭 i 用于日常商品类（如衣物类、住宅相关以及交通类支出等）、炫耀性商品（如奢侈品、旅行、医疗保健等）或奢侈品（奢侈品牌产品或是艺术品收藏）的消费，EE_{ij} 表示家庭 i 用于教育以及其他培训活动上的消费。

此外，两组分析用于更加准确地检验“攀比效应”和“隧道效应”。在分析过程中，首先使用回归模型和箱形图来检验相对贫穷的个体在申请信贷之后，其消费风格是否会发生相应的变化。如果“攀比效应”能够激励相对贫穷的人发生借贷行为，那么相比于非申请人，信贷申请者会购买更多的炫耀性商品以维持自身的社会地位。其次，将利用一系列回归检验以下问题是否存在，即相对贫困群体的借贷行为可能是由政府实施的专项扶贫活动所引发，而并非由“隧道效应”所激发的积极预期情绪。

5.5 实证结果分析

5.5.1 描述性统计分析及单因素检验

表5－1总结整体样本［列(1)］、未申请银行贷款样本［列(2)］和银行

贷款申请人样本[列(3)]中所有变量的均值和标准差(括号内)。第(4)列为t检验结果,检验所有变量的均值在非申请者和申请者之间是否存在统计学上的显著差异。在均值估计和t检验中采用样本权重值,并使用社区层面的聚类稳健标准误。

数据显示,申请信贷家庭的绝对收入水平高于银行贷款非申请人,且贷款申请人多集中于最高收入阶层,即社区收入水平的前1/3。这一结果表明申请人的经济状况较好。

表5-1 申请信贷家庭和为申请信贷家庭的描述性统计及单因素检验

Explanatory Variables	解释变量	(1) Total 946	(2) Non-Applicants 518	(3) Applicants 428	(4) T-Test
Log(Income)	家庭人均收入	8.903	8.702	9.147	-0.445***
		(1.305)	(1.147)	(1.437)	(-5.29)
Low-Income Class(0/1)	低收入家庭	0.342	0.361	0.320	0.0409
		(0.475)	(0.481)	(0.467)	(1.32)
Middle-Income Class(0/1)	中等收入家庭	0.314	0.326	0.299	0.0272
		(0.464)	(0.469)	(0.458)	(0.90)
Top-Income Class (0/1)	高收入家庭	0.344	0.313	0.381	-0.0681**
		(0.475)	(0.464)	(0.486)	(-2.20)
Relative Income	相对收入指标				
Reference Income(Mean)	相对收入(社区收入平均)	8.759	8.643	8.898	-0.255***
		(0.634)	(0.600)	(0.647)	(-6.28)
Reference Income(Median)	相对收入(社区收入中值)	8.897	8.779	9.039	-0.260***
		(0.648)	(0.625)	(0.647)	(-6.27)
Income Rank	收入排位	0.522	0.502	0.546	-0.0439**
		(0.316)	(0.299)	(0.333)	(-2.13)
IncomeDistance to Mean	收入差距(相对于均值)	0.145	0.0588	0.249	-0.190**
		(1.186)	(1.019)	(1.355)	(-2.46)

续表

Explanatory Variables	解释变量	(1)	(2)	(3)	(4)
		Total	**Non - Applicants**	**Applicants**	**T - Test**
		946	**518**	**428**	
Income Distance to Median	收入差距（相对于中值）	0.00681	-0.0766	0.108	-0.184 **
		(1.183)	(1.026)	(1.343)	(-2.39)
Falling Income (0/1)	收入下降	0.433	0.456	0.407	0.0491
		(0.496)	(0.499)	(0.492)	(1.52)
Unchanged Income (0/1)	收入不变	0.256	0.241	0.273	-0.0321
		(0.437)	(0.428)	(0.446)	(-1.12)
Rising Income (0/1)	收入上升	0.311	0.303	0.320	-0.0170
		(0.463)	(0.460)	(0.467)	(-0.56)
Demographic Characteristics	人口统计学特征				
Female (0/1)	女性	0.175	0.203	0.143	0.0602 **
		(0.381)	(0.402)	(0.350)	(2.43)
Young (0/1)	青年	0.0465	0.0251	0.0724	-0.0473 ***
		(0.211)	(0.157)	(0.260)	(3.46)
Middle - Aged(0/1)	中年	0.760	0.737	0.787	-0.0499 *
		(0.427)	(0.440)	(0.410)	(-1.79)
Old(0/1)	老年	0.219	0.261	0.168	0.0924 ***
		(0.414)	(0.439)	(0.375)	(3.44)
Political Affiliation(0/1)	中共党员	0.124	0.0772	0.180	-0.103 ***
		(0.329)	(0.267)	(0.385)	(-4.83)
Local Registered (0/1)	本地户口	0.949	0.956	0.942	0.0140
		(0.220)	(0.206)	(0.235)	(0.98)
Demographic	人口统计学特征				
Household Size	家庭成员数量	4.123	4.089	4.164	-0.0747
		(1.537)	(1.531)	(1.546)	(-0.74)

续表

Explanatory Variables	解释变量	(1) Total 946	(2) Non – Applicants 518	(3) Applicants 428	(4) T – Test
Human Capital Characteristics	人力资本				
Primary School or Less (0/1)	小学及文盲	(0. 493)	(0. 499)	(0. 481)	(2. 97)
		0. 557	0. 523	0. 598	–0. 0750 **
Middle or Vocational School(0/1)	中学及职业学校	(0. 497)	(0. 500)	(0. 491)	(–2. 31)
		0. 0201	0. 00965	0. 0327	–0. 0231 **
Bachelor Degree or Above (0/1)	本科及以上	(0. 140)	(0. 0979)	(0. 178)	(–2. 52)
		0. 101	0. 0869	0. 119	–0. 0323
Unemployed (0/1)	失业	(0. 302)	(0. 282)	(0. 324)	(–1. 64)
		0. 542	0. 575	0. 502	0. 0730 **
Farmer(0/1)	农民	(0. 498)	(0. 495)	(0. 501)	(2. 25)
		0. 0381	0. 0367	0. 0397	–0. 00304
Freelance(0/1)	自由职业者	(0. 191)	(0. 188)	(0. 196)	(–0. 24)
		0. 181	0. 135	0. 236	–0. 101 ***
Entrepreneurs (0/1)	企业主	(0. 385)	(0. 342)	(0. 425)	(–4. 04)
		0. 137	0. 166	0. 103	0. 0632 ***
Employees (0/1)	职员	(0. 344)	(0. 372)	(0. 304)	(2. 82)
Economic Conditions	经济条件				
Low – Durable – Value Level (0/1)	低等耐用品积累	0. 392	0. 458	0. 313	0. 144 ***
		(0. 488)	(0. 499)	(0. 464)	(4. 57)
Middle – Durable – Value Level (0/1)	中等耐用品积累	0. 317	0. 340	0. 290	0. 0500 *
		(0. 466)	(0. 474)	(0. 454)	(1. 65)

续表

Explanatory Variables	解释变量	(1)	(2)	(3)	(4)
		Total	Non – Applicants	Applicants	T – Test
		946	518	428	
Top – Durable – Value Level (0/1)	高等耐用品积累	0. 291	0. 203	0. 397	–0. 194 ***
		(0. 454)	(0. 402)	(0. 490)	(–6. 70)
Low – Liquid – Value Level(0/1)	低等流动资产水平	0. 585	0. 639	0. 519	0. 120 ***
		(0. 493)	(0. 481)	(0. 500)	(3. 76)
Middle – Liquid – Value Level(0/1)	中等流动资产水平	0. 165	0. 162	0. 168	–0. 00606
		(0. 371)	(0. 369)	(0. 375)	(–0. 25)
Top – Liquid – Value Level(0/1)	高等流动资产水平	0. 251	0. 199	0. 313	–0. 114 ***
		(0. 434)	(0. 400)	(0. 464)	(–4. 07)
Personal Traits	个人特征				
Own Accommodation (0/1)	拥有房产	0. 953	0. 956	0. 951	0. 00466
		(0. 211)	(0. 206)	(0. 216)	(0. 34)
Own Car(0/1)	拥有汽车	0. 169	0. 108	0. 243	–0. 135 ***
		(0. 375)	(0. 311)	(0. 429)	(–5. 59)
Informal Lending (0/1)	非正规信贷	0. 517	0. 550	0. 477	0. 0736 **
		(0. 500)	(0. 498)	(0. 500)	(2. 26)
Agricultural Activity (0/1)	农业活动	(0. 415) 0. 779	(0. 374) 0. 832	(0. 452) 0. 715	(4. 36) 0. 117 ***
		0. 315	0. 241	0. 404	–0. 163 ***
Commercial Activity (0/1)	商业活动	(0. 465)	(0. 428)	(0. 491)	(–5. 45)
		0. 550	0. 620	0. 465	0. 155 ***
Risk Averse (0/1)	风险厌恶	(0. 498)	(0. 486)	(0. 499)	(4. 81)
		0. 247	0. 222	0. 278	–0. 0560 **

续表

Explanatory Variables	解释变量	(1) Total 946	(2) Non – Applicants 518	(3) Applicants 428	(4) T – Test
Risk Neutral (0/1)	风险中性	(0.432)	(0.416)	(0.449)	(–1.99)
		0.188	0.143	0.243	–0.100***
Risk Seeking (0/1)	风险偏好	(0.391)	(0.350)	(0.429)	(–3.95)
		0.837	0.851	0.820	0.0313
Positive Economic Prediction (0/1)	积极经济预期	(0.369)	(0.356)	(0.385)	(1.30)
		0.514	0.473	0.563	–0.0901***
Following Economic News (0/1)	关注经济信息	(0.500)	(0.500)	(0.497)	(–2.77)
Community Characters	社区特征				
Gini of Community	社区基尼系数	0.448	0.441	0.457	–0.0158**
		(0.106)	(0.106)	(0.107)	(–2.29)
NO. of Banks in the Community	社区银行数量	3.450	3.413	3.495	–0.0822
		(1.675)	(1.636)	(1.723)	(–0.75)
Percentage of Stock Account	社区证券投资比	0.0331	0.0273	0.0402	–0.0129**
		(0.0859)	(0.0750)	(0.0971)	(–2.30)
Public Security Evaluation	社区安全评价	3.504	3.388	3.645	–0.257***
		(0.926)	(0.919)	(0.916)	(–4.28)
Rural (0/1)	农村地区	0.704	0.726	0.678	0.0483
		(0.457)	(0.447)	(0.468)	(1.62)
Province Characters	省级特征				

续表

Explanatory Variables	解释变量	(1)	(2)	(3)	(4)
		Total	Non – Applicants	Applicants	T – Test
		946	518	428	
Gini of Province	省内基尼系数	0.540	0.542	0.537	0.00530
		(0.0781)	(0.0749)	(0.0818)	(1.04)
CPI of Province	省内 CPI	103.3	103.3	103.4	–0.0677***
		(0.390)	(0.365)	(0.415)	(–2.67)
Residence CPI of Province	省内住宅 CPI	104.4	104.4	104.4	–0.0131
		(1.037)	(0.952)	(1.132)	(–0.19)

注：①第(1)、(2)、(3)列中括号为标准差；②第(4)列使用社区层面的聚类稳健标准误调整；③t检验及均值计算中均使用样本权重调整；④本书中，***、**和*分别代表在1%、5%和10%水平下显著；⑤在农村地区，失业人员被定义为未开展商业活动、未在某机构就业、未开展农业活动，以及非自由职业者。

在相对收入指标方面，信贷申请人的参考群体收入水平显著高于非信贷申请人的参考收入。这意味着尽管申请人的绝对收入高于非申请人，但前者的参考收入水平也高于后者。收入排名指每个家庭在其社区收入分布中的排名位置，计算公式为$\frac{Rank - 1}{Total\ NO.\ of\ HHsin\ Community - 1}$，公式中的 *Rank* 代表家庭在其社区中收入分配的排序，当家庭在社区中收入最低时为 *Rank* 等于1，随着家庭收入的提升 *Rank* 的数值不断增大。因此，社区中最贫穷的家庭 *Income Rank* 值为0，且最富裕的家庭该值为1。描述性统计表明，贷款申请人的平均收入水平高于非申请人，这与本研究的预期相矛盾。可能的原因是，单变量统计分析中并未纳入控制变量或其他估计策略，因此不能排除异常值和有偏估计。

此外，本研究计算了每个家庭收入与其所在社区收入均值/中位数的距离。结果显示申请银行信贷家庭的收入水平与其社区收入均值/中位数间的差距明显大于未申请银行信贷的家庭。同时，当家庭将本年度收入与上年收入进行比较时，申请信贷的家庭经历收入增长的可能性高于未申请信贷的家庭，但该现象在统计上并不显著。

5.5.2 收入比较的效应

表5－2报告了绝对收入和相对收入对家庭申请银行信贷决定的影响。列(1)显示基线回归，其中只包含绝对收入和控制变量。结果显示，绝对收入的系数显著为正，即当收入增加1%时，申请银行信贷的概率增加3.28%。这一结果符合富裕家庭更有可能使用金融资源的预期，因为他们的收入水平能确保还款。列(1)中的大多数控制变量也符合预期。

表5－2 收入比较的效应(基准回归)

Explanatory Variables	(1)	(2)	(3)	(4)	(5)
	Bank Loan Apply(=1)	Bank Loan Apply(=1)	Bank Loan Apply(=1)	Bank Loan Apply(=1)	Bank Loan Apply(=1)
	No Reference	Mean Reference	Mean Reference	Median Reference	Median Reference
Log(Income)	0.0328**	0.0172	0.0186	0.0141	0.0153
	(0.0164)	(0.0159)	(0.0156)	(0.0163)	(0.0160)
Relative Income					
Log(Reference Income)	—	0.180**	0.178**	0.195**	0.191**
	—	(0.0496)	(0.0500)	(0.0513)	(0.0515)
Falling Income	—	—	-0.0321	—	-0.0328
	—	—	(0.0434)	—	(0.0433)
Unchanged Income	—	—	0.0269	—	0.0195
	—	—	(0.0475)	—	(0.0472)
Demographic Characteristics					
Female (0/1)	-0.117**	-0.106**	-0.100**	-0.108**	-0.103**
	(0.0460)	(0.0451)	(0.0453)	(0.0443)	(0.0445)
Middle-Aged (0/1)	0.138*	0.121	0.117	0.125*	0.121*
	(0.0729)	(0.0748)	(0.0733)	(0.0738)	(0.0722)
Old (0/1)	0.0654	0.0738	0.0707	0.0830	0.0792
	(0.0777)	(0.0799)	(0.0791)	(0.0790)	(0.0781)

续表

Explanatory Variables	(1)	(2)	(3)	(4)	(5)
	Bank Loan Apply(=1)	Bank Loan Apply(=1)	Bank Loan Apply(=1)	Bank Loan Apply(=1)	Bank Loan Apply(=1)
	No Reference	Mean Reference	Mean Reference	Median Reference	Median Reference
Political Affiliation(0/1)	0.0912	0.0879	0.0881	0.0916	0.0914
	(0.0649)	(0.0645)	(0.0651)	(0.0647)	(0.0653)
Local Registered	-0.0785	-0.0417	-0.0330	-0.0486	-0.0404
	(0.0852)	(0.0852)	(0.0848)	(0.0831)	(0.0827)
Household Size	0.00529	0.00955	0.00868	0.0102	0.00926
	(0.0128)	(0.0128)	(0.0127)	(0.0129)	(0.0129)
Human Capital Characteristics					
Middle or Vocational School (0/1)	0.0212	0.0234	0.0188	0.0249	0.0204
	(0.0364)	(0.0358)	(0.0356)	(0.0357)	(0.0355)
Bachelor Degree or Above (0/1)	0.126	0.0808	0.0728	0.0925	0.0851
	(0.187)	(0.186)	(0.180)	(0.178)	(0.173)
Farmer (0/1)	-0.134**	-0.112*	-0.110*	-0.116*	-0.115*
	(0.0623)	(0.0624)	(0.0621)	(0.0631)	(0.0628)
Freelance (0/1)	-0.110	-0.0547	-0.0638	-0.0614	-0.0696
	(0.0971)	(0.0990)	(0.0982)	(0.0987)	(0.0980)
Entrepreneurs (0/1)	-0.118	-0.119*	-0.118*	-0.119*	-0.118*
	(0.0744)	(0.0715)	(0.0707)	(0.0711)	(0.0703)
Employees (0/1)	-0.281**	-0.257**	-0.255**	-0.262**	-0.259***
	(0.0592)	(0.0610)	(0.0614)	(0.0614)	(0.0618)
Economic Conditions					
Middle - Durable - Value Level (0/1)	0.00638	0.00347	0.00278	0.00104	0.000726
	(0.0392)	(0.0385)	(0.0385)	(0.0387)	(0.0387)

续表

Explanatory Variables	(1) Bank Loan Apply(=1) No Reference	(2) Bank Loan Apply(=1) Mean Reference	(3) Bank Loan Apply(=1) Mean Reference	(4) Bank Loan Apply(=1) Median Reference	(5) Bank Loan Apply(=1) Median Reference
Top – Durable – Value Level (0/1)	0.164**	0.150**	0.148**	0.153**	0.150***
	(0.0507)	(0.0496)	(0.0504)	(0.0490)	(0.0496)
Middle – Liquid – Value Level (0/1)	0.0500	0.0490	0.0492	0.0437	0.0438
	(0.0434)	(0.0440)	(0.0441)	(0.0439)	(0.0439)
Top – Liquid – Value Level (0/1)	–0.0510	–0.0460	–0.0446	–0.0462	–0.0454
	(0.0495)	(0.0491)	(0.0496)	(0.0497)	(0.0501)
Own Accommodation (0/1)	0.0630	0.0570	0.0596	0.0605	0.0635
	(0.0836)	(0.0832)	(0.0824)	(0.0812)	(0.0804)
Own Car (0/1)	0.120**	0.0964	0.100	0.0884	0.0919
	(0.0602)	(0.0616)	(0.0615)	(0.0612)	(0.0610)
Personal Traits					
Risk Neutral (0/1)	0.108**	0.0907**	0.0930**	0.0927**	0.0946**
	(0.0441)	(0.0426)	(0.0426)	(0.0429)	(0.0429)
Risk Seeking (0/1)	0.138**	0.143**	0.141**	0.141**	0.138***
	(0.0517)	(0.0503)	(0.0507)	(0.0497)	(0.0499)
Positive Economic Prediction(0/1)	–0.0584	–0.0581	–0.0545	–0.0629	–0.0592
	(0.0536)	(0.0514)	(0.0507)	(0.0505)	(0.0501)
Community Characters					
Gini of Community	0.163	0.152	0.152	0.184	0.185
	(0.219)	(0.220)	(0.221)	(0.217)	(0.218)

续表

Explanatory Variables	(1) Bank Loan Apply(=1) No Reference	(2) Bank Loan Apply(=1) Mean Reference	(3) Bank Loan Apply(=1) Mean Reference	(4) Bank Loan Apply(=1) Median Reference	(5) Bank Loan Apply(=1) Median Reference
NO. of Banks in the Community	-0.0524 **	-0.0573 **	-0.0564 **	-0.0580 **	-0.0570 ***
	(0.0200)	(0.0183)	(0.0182)	(0.0179)	(0.0178)
Percentage of Stock Account	0.362	0.239	-0.240	-0.311	-0.304
	(0.277)	(0.332)	(0.332)	(0.329)	(0.329)
Public Security Evaluation	0.0648 **	0.0651 **	0.0667 **	0.0665 **	0.0677 ***
	(0.0194)	(0.0190)	(0.0189)	(0.0191)	(0.0189)
Rural (0/1)	-0.0388	-0.00155	-0.00222	0.000671	-0.000440
	(0.0681)	(0.0645)	(0.0641)	(0.0634)	(0.0628)
Province Characters					
Gini of Province	-0.497	-0.403	-0.389	-0.436	-0.422
	(0.314)	(0.305)	(0.305)	(0.306)	(0.307)
CPI of Province	0.102	0.0789	0.0819	0.0783	0.0815
	(0.0682)	(0.0661)	(0.0672)	(0.0656)	(0.0665)
Residence CPI of Province	-0.0200	-0.0112	-0.0107	-0.0162	-0.0158
	(0.0234)	(0.0206)	(0.0209)	(0.0201)	(0.0204)
NO. of Observations	946	946	946	946	946
NO. of Clusters	259	259	259	259	259
Joint Significance	*Wald* $\chi^2(30)$ = 102.83 **	*Wald* $\chi^2(31)$ = 102.35 **	*Wald* $\chi^2(33)$ = 110.37 **	*Wald* $\chi^2(31)$ = 105.13 **	*Wald* $\chi^2(33)$ = 112.65 ***
Pseudo R^2	0.1482	0.1667	0.1688	0.1712	0.1729
Robust Standard Errors Clustered at the Community Level	Yes	Yes	Yes	Yes	Yes

续表

Explanatory Variables	(1)	(2)	(3)	(4)	(5)
	Bank Loan Apply(=1)	**Bank Loan Apply(=1)**	**Bank Loan Apply(=1)**	**Bank Loan Apply(=1)**	**Bank Loan Apply(=1)**
	No Reference	**Mean Reference**	**Mean Reference**	**Median Reference**	**Median Reference**
Sample Weight Adopted	Yes	Yes	Yes	Yes	Yes

注：①所有回归均使用 Logit 模型；②所有回归的样本均为参与农业活动或商业活动的家庭；③回归中的每个系数均代表申请贷款的概率，所有回归的因变量均为是否申请银行贷款（*Bank Loan Apply*）；④模型中省略均为基准参照组，包括 *Rising Income* (0/1)，*Young* (0/1)，*Primary School or Less* (0/1)，*Unemployed* (0/1)，*Low - Durable - Value Level* (0/1)，*Low - Liquid - Value Level* (0/1)，*Risk Averse* (0/1)。

第(2)列中加入参考收入(社区平均收入水平)的指标，第(3)列中加入自我比较的指标。第(1)列的 *Pseudo* R^2 为 0.1482，而第(2)列与第(3)列分别增加至 0.1667 和 0.1688，表明收入比较指标的引入增加了模型的解释力。如(2)、(3)两列所示，引入参考收入指标后，家庭绝对收入虽然为正，但已不显著，而参考收入指标在这两列均在 1% 水平上显著为正。以上结果证实了假设 1，即参考群体的收入，而非家庭的绝对收入，显著地激发家庭申请银行信贷的行为。第(3)列结果显示，如果社区平均收入增加 1%，在其他条件不变的情况下，每个家庭申请银行信贷的概率预计将增加 17.8%，该数字表明收入比较行为对家庭金融行为决策影响巨大。第(4)、(5)列中的回归模型使用社区收入中值来代表社区平均收入时①，结果保持一致，表明该结果并非异常值所致。

5.5.3 谁受到收入比较的影响？

表 5 - 3 显示了调查家庭与参考群体收入差距对金融行为决策的影响。在这两列中，家庭绝对收入的系数均在 1% 水平下显著为正，而家庭绝对收入与参考收入的差距的系数均在 1% 水平下显著为负。从该结果可以得出

① 通过引入社区收入中值，模型试图说明估计结果不是由异常值驱动的。社区收入中值也能更好地反映大多数家庭所参考的社区收入水平（Akay 等，2012）。

两方面含义:第一,收入差距指标的系数显著为负,说明收入水平低于社区平均收入的家庭更有申请银行信贷的动机,而收入水平高于社区平均收入的家庭申请信贷的可能性较小。第二,家庭自身收入与信贷申请呈正相关,说明家庭收入越高,申请信贷的可能性越大。显然,以上两方面的分析结果似乎是相矛盾的,所以需要更精确的估计来研究,当家庭绝对收入水平分别高于、等于和低于社区平均收入水平时,不同的收入差距如何影响家庭的金融行为决策。

因此,本研究将样本按照家庭收入在社区收入分布中所处的位置分为三类,社区收入分布中为底部 1/3 的是低收入家庭,中部 1/3 的是中等收入家庭,而顶部 1/3 的是高收入家庭。基于此分类,本文对低收入家庭、中等收入家庭和高收入家庭进行了相同的回归。结果如表 5 – 4 所示,第(1)列表明,在收入最低的群体中,家庭申请信贷的决策受其绝对收入与社区平均收入差距的显著影响,而实际收入本身对金融行为没有影响。由于底层收入群体中所有家庭的收入差距指标均为负值,收入差距系数显著为负,意味着家庭绝对收入比社区平均收入越低,家庭申请银行信贷的概率越大。换言之,相对贫困的家庭更渴望从银行获得融资,因为他们的收入低于参考群体的收入。

表 5 – 3 收入差距对申请行为的影响

Explanatory Variables	(1)	(2)
	Bank Loan Apply (=1)	**Bank Loan Apply (=1)**
	Mean Reference	**Median Reference**
Log(Income)	0.197***	0.207***
	(0.0484)	(0.0475)
Relative Income		
Income Distance (With Mean or Median)	–0.178***	–0.191***
	(0.0500)	(0.0515)
Falling Income	–0.0321	–0.0328
	(0.0434)	(0.0433)
Unchanged Income	0.0269	0.0195
	(0.0475)	(0.0472)

续表

Explanatory Variables	(1) Bank Loan Apply (=1) Mean Reference	(2) Bank Loan Apply (=1) Median Reference
NO. of Observations	946	946
NO. of Clusters	259	259
Joint Significance	Wald $\chi^2(31) = 110.37^{***}$	Wald $\chi^2(33) = 112.65^{***}$
Pseudo R^2	0.1688	0.1729
Control Variables	Yes	Yes
Robust Standard Errors Clustered at the Community Level	Yes	Yes
Sample Weight Adopted	Yes	Yes

注：①所有回归均使用 Logit 模型；② 所有回归的样本均为参与农业活动或商业活动的家庭；③所有回归中均加入与表 5-2 中模型一致的家庭层面、社区层面、省级层面的控制变量；④回归中的每个系数均代表申请贷款的概率，所有回归的因变量均为是否申请银行贷款（*Bank Loan Apply*）；⑤模型中省略均为基准参照组，包括 *Rising Income*（0/1），*Young*（0/1），*Primary School or Less*（0/1），*Unemployed*（0/1），*Low-Durable-Value Level*（0/1），*Low-Liqui d-Value Level*（0/1），*Risk Averse*（0/1）。

表 5-4 不同收入阶层中收入差距的效应

Explanatory Variables	(1)	(2)	(3)	(4)	(5)	(6)
	Comparison to the Community Average Income			Comparison to the Community Median Income		
	Low Income Class	Middle Income Class	High Income Class	Low Income Class	Middle Income Class	High Income Class
	Bank Loan Apply (=1)	Bank Loan Apply (=1)	Bank Loan Apply (=1)	Bank Loan Apply (=1)	Bank Loan Apply (=1)	Bank Loan Apply (=1)
Log(Income)	0.0815	0.206**	0.214**	0.0948	0.157**	0.243***
	(0.0586)	(0.0710)	(0.0852)	(0.0588)	(0.0691)	(0.0820)

续表

Explanatory Variables	(1)	(2)	(3)	(4)	(5)	(6)
	Comparison to the Community Average Income			Comparison to the Community Median Income		
	Low Income Class	Middle Income Class	High Income Class	Low Income Class	Middle Income Class	High Income Class
	Bank Loan Apply(=1)	Bank Loan Apply(=1)	Bank Loan Apply(=1)	Bank Loan Apply(=1)	Bank Loan Apply(=1)	Bank Loan Apply(=1)
Relative Income						
Income Distance (with Mean or Median)	-0.196**	-0.253**	-0.0891	-0.214**	-0.192**	-0.126
	(0.0608)	(0.0637)	(0.0790)	(0.0652)	(0.0621)	(0.0826)
Falling Income	0.0130	-0.0574	-0.0263	0.0172	-0.0696	-0.0257
	(0.0703)	(0.0563)	(0.0765)	(0.0694)	(0.0582)	(0.0766)
Unchanged Income	0.0629	0.0461	-0.0548	0.0514	0.0338	-0.0586
	(0.0733)	(0.0574)	(0.0942)	(0.0731)	(0.0593)	(0.0951)
NO. of Observations	369	299	278	369	299	278
NO. of Clusters	178	155	162	178	155	162
Joint Significance	Wald $\chi^2(33)$ =63.99**	Wald $\chi^2(33)$ =125.66**	Wald $\chi^2(33)$ =63.55**	Wald $\chi^2(33)$ =67.46**	Wald $\chi^2(33)$ =119.56**	Wald $\chi^2(34)$ =68.11***
Pseudo R^2	0.1970	0.3603	0.2013	0.2040	0.3458	0.2041
Control Variables	Yes	Yes	Yes	Yes	Yes	Yes
Robust Standard Errors Clustered at the Community Level	Yes	Yes	Yes	Yes	Yes	Yes

续表

Explanatory Variables	(1)	(2)	(3)	(4)	(5)	(6)
	Comparison to the Community Average Income			Comparison to the Community Median Income		
	Low Income Class	Middle Income Class	High Income Class	Low Income Class	Middle Income Class	High Income Class
	Bank Loan Apply(=1)	Bank Loan Apply(=1)	Bank Loan Apply(=1)	Bank Loan Apply(=1)	Bank Loan Apply(=1)	Bank Loan Apply(=1)
Sample Weight Adopted	Yes	Yes	Yes	Yes	Yes	Yes

注:①第(1)列与第(4)列中回归样本为收入在社区中底部1/3的家庭;第(2)列与第(5)列中回归样本为收入在社区中中间1/3的家庭;第(3)列与第(6)列中回归样本为收入在社区中顶部1/3的家庭。②所有回归均使用Logit模型。③所有回归的样本均为参与农业活动或商业活动的家庭。④所有回归中均加入与表5-2中模型一致的家庭层面、社区层面、省级层面的控制变量。⑤回归中的每个系数均代表申请贷款的概率,所有回归的因变量均为是否申请银行贷款(*Bank Loan Apply*)。⑥模型中省略均为基准参照组,包括*Rising Income*(0/1),*Young*(0/1),*Primary School or Less*(0/1),*Unemployed*(0/1),*Low-Durable-Value Level*(0/1),*Low-Liquid-Value Level*(0/1),*Risk Averse*(0/1)。

表5-5　参考群体收入与收入差距对信贷获批的影响

Explanatory Variables	(1)	(2)	(3)	(4)	(5)
	All Credit Applicants	All Credit Applicants	Low Income Class	Middle Income Class	High Income Class
	Bank Loan Grant(=1)	Bank Loan Grant(=1)	Bank Loan Grant(=1)	Bank Loan Grant(=1)	Bank Loan Grant(=1)
Log(Income)	0.0840**	0.0811**	-0.0109	0.0414	0.163
	(0.0206)	(0.0209)	(0.0760)	(0.151)	(0.111)
Relative Income					
Log(Reference Income)	—	-0.0544			
	—	(0.0525)			

续表

Explanatory Variables	(1)	(2)	(3)	(4)	(5)
	All Credit Applicants	All Credit Applicants	Low Income Class	Middle Income Class	High Income Class
	Bank Loan Grant(=1)	Bank Loan Grant(=1)	Bank Loan Grant(=1)	Bank Loan Grant(=1)	Bank Loan Grant(=1)
Income Distance (with Mean)			0.0117	0.0527	0.0787
			(0.0730)	(0.0930)	(0.0830)
Falling Income	—	0.0227	-0.199*	0.0372	0.0598
	—	(0.0628)	(0.108)	(0.0811)	(0.0548)
Unchanged Income	—	-0.0829	-0.285**	-0.0523	-0.118*
	—	(0.0609)	(0.0996)	(0.0853)	(0.0716)
NO. of Observations	428	428	141	125	162
NO. of Clusters	190	190	100	86	110
Joint Significance	Wald $\chi^2(30)$ =82.14**	Wald $\chi^2(31)$ =120.14**	Wald $\chi^2(33)$ =55.38**	Wald $\chi^2(31)$ =40.47**	Wald $\chi^2(33)$ =100.28***
Pseudo R^2	0.2280	0.2376	0.5852	0.5852	0.5246
Robust Standard Errors Clustered at the Community Level	Yes	Yes	Yes	Yes	Yes
Sample Weight Adopted	Yes	Yes	Yes	Yes	Yes

注：①第(3)列中回归样本为收入在社区中底部1/3的家庭；第(4)列中回归样本为收入在社区中中间1/3的家庭；第(5)列中回归样本为收入在社区中顶部1/3的家庭。②所有回归均使用Logit模型。③所有回归的样本均为参与农业活动或商业活动的家庭。④所有回归中均加入与表5-2中模型一致的家庭层面、社区层面、省级层面的控制变量。⑤回归中的每个系数均代表申请贷款的概率，所有回归的因变量均为是否申请银行贷款(*Bank Loan Apply*)。⑥模型中省略均为基准参照组，包括 *Rising Income* (0/1)、*Young* (0/1)、*Primary School or Less* (0/1)、*Unemployed* (0/1)、*Low - Durable - Value Level* (0/1)、*Low - Liquid - Value Level* (0/1)、*Risk Averse* (0/1)。

然而，在富裕家庭样本中，结果略有差异。在中高收入阶层，实际收入指标的系数显著为正；仅在中等收入样本中，收入差距指标与金融行为决策呈显著负相关，而该关系在高收入阶层则不显著。中等收入阶层仍然担心自己的绝对收入与社区平均水平产生较大差距：当一个家庭的收入低于社区平均水平时，与社区平均收入的差距越大，获取银行信贷的积极性就越高。随着收入的增加，收入差距的激励机制逐渐减弱。当收入达到社区收入分布的顶端时，只有家庭的绝对收入水平影响金融行为决策，即高收入激发信贷申请行为。

这些回归表明，穷人和富人参与金融市场的动机明显不同，同时也证实了 Duesenberry（1949）所描述的收入比较的不对称性。当家庭收入低于社区平均收入时，收入比较会降低其效用水平，但是对于家庭收入高于社区平均收入的人，收入比较的负面影响会逐渐减弱（Luttmer，2005）。因此，对于较富裕的家庭来说，增加绝对收入，而不是相对收入，是激励其申请银行贷款的动机，因为较高的绝对收入水平能更好地确保还款。

在表 5 -4 第（4）列、（5）列、（6）列中，参考收入由社区平均收入替换为社区中位数，结果与前三列中的结果保持一致。

一个潜在的问题是，贫困家庭的借贷行为可能是因为政府为了完成扶贫任务，为贫困家庭提供专项信贷扶贫支持。换言之，贫困家庭之所以更积极地申请银行信贷可能仅仅是因为反贫困计划提供了专项的信贷支持。为了探究该可能性是否影响结果，本书使用以下分析来探究信贷可获得性的决定因素。

如果贫困人口享有更容易获得银行信贷的特权，可以预期申请人的绝对收入水平与信贷申请获批的概率呈负相关。然而，在表 5 -5 中，信贷可获得性随家庭收入的绝对水平而增加，表明富人比穷人有更好的信贷可获得性。社区平均收入指标进入第（2）列回归，但系数并不显著，说明申请人的相对收入状况不影响银行的放贷决策。在后续的三列中，回归分析表明，在低、中、高收入群体中，家庭的绝对和相对收入指标对银行的信贷审批决策均无影响。

总体来说，上述结果与贫困家庭比富裕家庭更容易获得信贷的假设相矛盾，并解释了贫困家庭的借贷行为并非由政府扶贫项目提供的专项信用贷款所驱动。

5.5.4 “攀比效应”是否激励了相对贫困群体？

在本节和下节中，笔者将识别收入比较激发银行信贷申请行为的基本激励机制，并基于该机制预测相对贫穷家庭的金融行为决策所产生的经济后果。通过检验银行贷款申请人和非申请人的消费模式差异，本部分将识别攀比效应是否为家庭申请信贷的主要动机（见表5－6）。

第(1)列因变量为日常支出 *Log*（*Daily Expenditure*），包括家庭人均服装、居住、交通支出等。结果表明，*Bank Loan Apply* 系数为正但不显著，即贷款申请人与非申请人在日常支出水平上无差异。第(2)列中的回归分析考察了与社会身份相关的显性消费品支出。结果表明，*Bank Loan Apply* 仍然不显著，说明信贷申请人与非申请人在显性消费品支出水平上没有明显的差异。第(3)列中检验不同家庭的奢侈品支出差异，旨在考察贷款申请人和非申请人在购买奢侈品时是否表现出相同的消费习惯。当家庭上年购买奢侈品时，因变量为1（否则为0）。回归结果显示，*Bank Loan Apply* 在统计上仍不显著。因此，以上结果表明，家庭申请贷款的行为并非由“攀比效应”所驱动。

为了以更有说服力的证据反对“攀比效应”，本研究进一步使用回归以及图表进行扩展分析。表5－7将有银行信贷需求的家庭分为三组，根据每个家庭的收入处于其所在社区收入分布的位置而将家庭分为低、中、高三个收入组。在每个回归中，因变量为家庭的炫耀性支出，核心观测的解释变量是家庭的借贷行为。如果“攀比效应”促使（相对贫困的）家庭申请信贷，可以预测，在每个收入组别之内，申请者在炫耀性商品上的消费会显著高于非申请者，这是由于他们有强烈的动机通过向同等收入组群的人炫耀财富并彰显其社会地位的提升。

表5－6 消费支出差异检验

Explanatory Variables	(1)	(2)	(3)
	Log(Daily Expenditure)	Log(Conspicuous Expenditure)	Luxury Consumption
Bank Loan Apply	0.104	−0.0120	−0.000214
	(0.106)	(0.144)	(0.00879)

续表

Explanatory Variables	(1) Log(Daily Expenditure)	(2) Log(Conspicuous Expenditure)	(3) Luxury Consumption
Income Indicators			
Log(Income)	0.293***	0.150***	0.00413
	(0.0523)	(0.0525)	(0.00325)
Falling Income	0.199*	0.0767	0.00728
	(0.106)	(0.142)	(0.00939)
Unchanged Income	0.187	0.237	0.00503
	(0.150)	(0.164)	(0.0107)
NO. of Observations	867	485	946
NO. of Clusters	253	207	259
Joint Significance	F (32) = 15.93***	F (32) = 32.68***	F (31) = 182.01***
Pseudo R^2	0.4175	0.5442	0.3950
Control Variables	Yes	Yes	Yes
Robust Standard Errors Clustered at the Community Level	Yes	Yes	Yes
Sample Weight Adopted	Yes	Yes	Yes

注：①第(1)、(2)列回归使用OLS模型，第(3)列回归使用Logit模型。②所有回归的样本均为参与农业活动或商业活动的家庭。③所有回归中均加入与表5-2中模型一致的家庭层面、社区层面、省级层面的控制变量。④第(3)列回归中的每个系数均代表购买奢侈品的概率。⑤模型中省略均为基准参照组，包括 *Rising Income* (0/1), *Young* (0/1), *Primary School or Less* (0/1), *Unemployed* (0/1), *Low-Durable-Value Level* (0/1), *Low-Liquid-Value Level* (0/1), *Risk Averse* (0/1)。

第(1)列表明，在低收入阶层中，贷款申请者与非申请者在炫耀性消费的支出水平上并无差异，第(2)列和第(3)列的结果表明，中等收入和高收入家庭的借贷行为也不会对其炫耀性消费产生任何影响。

表 5-7 家庭借款行为对奢侈型消费的影响

Explanatory Variables	(1)	(2)	(3)
	Low Income Class	Middle Income Class	High Income Class
	Log(Conspicuous Expenditure +1)	Log(Conspicuous Expenditure +1)	Log(Conspicuous Expenditure +1)
Bank Loan Apply	-0.0523	0.0317	-0.00396
	(0.0566)	(0.0666)	(0.0715)
Income Indicators			
Log(Income)	0.0309	-0.150	0.0741
	(0.0349)	(0.0989)	(0.0576)
Falling Income	-0.0283	-0.176 **	-0.115 *
	(0.0662)	(0.0772)	(0.0624)
Unchanged Income	0.0616	-0.171 **	-0.125
	(0.0855)	(0.0839)	(0.104)
NO. of Observations	369	299	278
NO. of Clusters	178	155	162
Joint Significance	F (31) =68.50 ***	F (31) =43.85 ***	F (30) =58.55 ***
Pseudo R^2	0.1322	0.1212	0.2292
Control Variables	Yes	Yes	Yes
Robust Standard Errors Clustered at the Community Level	Yes	Yes	Yes
Sample Weight Adopted	Yes	Yes	Yes

注：①第(1)列中回归样本为收入在社区中底部 1/3 的家庭；第(2)列中回归样本为收入在社区中中间 1/3 的家庭；第(3)列中回归样本为收入在社区中顶部 1/3 的家庭。②所有回归均使用 OLS 模型。③所有回归的样本为参与农业活动或商业活动的家庭。④所有回归中均加入与表 5-2 中模型一致的家庭层面、社区层面、省级层面的控制变量。⑤模型中省略均为基准参照组，包括 *Rising Income*（0/1），*Young*（0/1），*Primary School or Less*（0/1），*Unemployed*（0/1），*Low-Durable-Value Level*（0/1），*Low-Liquid-Value Level*（0/1），*Risk Averse*（0/1）。

此外，本部分还使用箱形图来描述家庭的消费模式。图 5 – 2 中，浅色箱图表示家庭的炫耀性消费，深色箱图表示家庭的日常消费。与图 5 – 2 左侧的非申请者相比，申请者的炫耀性消费与其几乎相同，但相比之下，申请者日常消费的中位数较高，且四分间距较大，但总体来看差异较小。

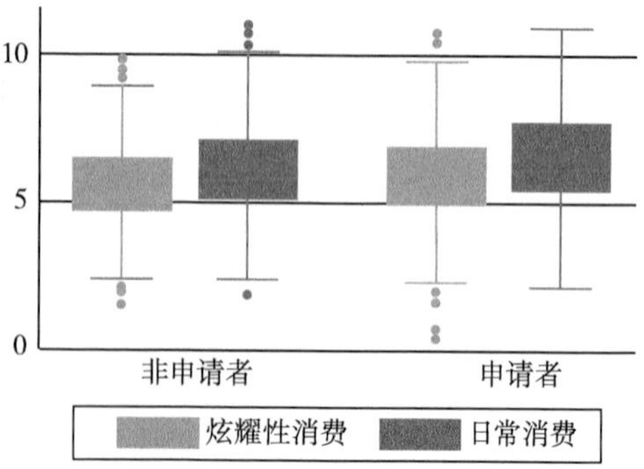

图 5 – 2　申请者和非申请者消费模式的差异

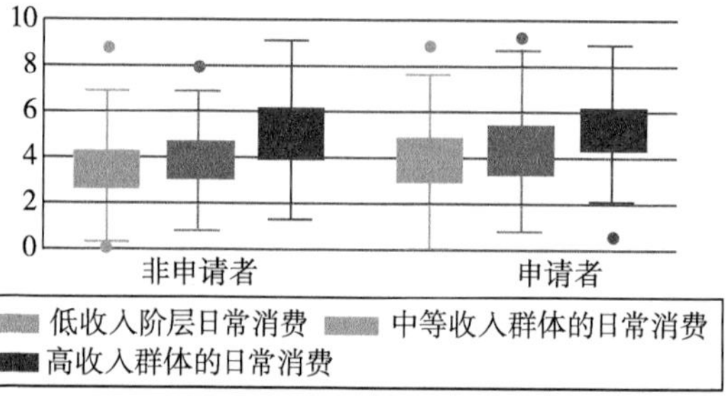

图 5 – 3　信贷申请者和非申请者炫耀性消费的差异

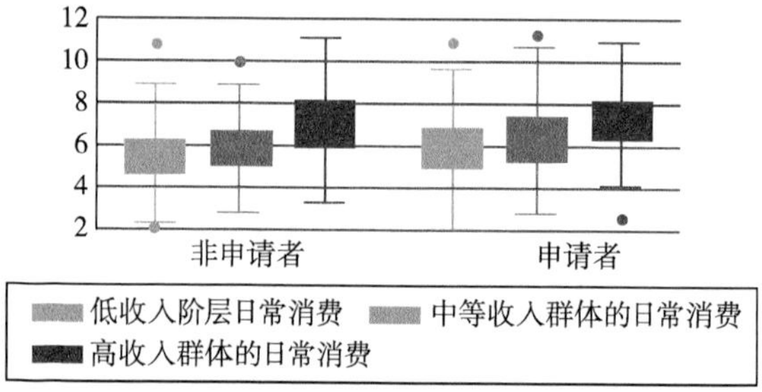

图 5 – 4　信贷申请者和非申请者日常消费的差异

在图 5 – 3 和图 5 – 4 中，将家庭分为三个收入群体，以检验相对贫穷家庭的消费模式是否受到借贷行为的影响。图 5 – 3 表明，在低收入阶层中，申请者和非申请者之间在炫耀性消费上并无显著差异，这一不显著的差异同样存在于高收入阶层中。但在中等收入群体中，申请者的炫耀性消费的四分位间距更大，而中位数几乎保持不变。

图5－4描述了三个收入群体的日常消费。在低收入阶层中，申请者拥有略高的上四分位数以及较大的四分位间距，但是中位数并未发生较大改变。而日常消费的增加则出现在中等收入群体中，且高收入群体中的差异有限。

总体来看，在相对贫困的群体中，申请者和非申请者之间的消费模式并无显著差异，尤其是炫耀性消费。更重要的是，图5－3和图5－4显示，在相对贫困和相对富裕的家庭之间，个体申请银行信贷之后的消费差异仍保持不变，表明借贷行为并不会引发相对贫困的家庭模仿富裕家庭的消费模式。

因此，以上证据表明，"攀比效应"并不是相对贫困的个体申请银行信贷的内在动因。

5.5.5 "隧道效应"是否激励相对贫困群体？

表5－8展示了针对隧道效应的第一部分检验结果。其中，被解释变量为家庭用于教育及培训的支出。解释变量家庭是否申请银行贷款（*Bank loan apply*）的系数显著为正，表明申请银行信贷的家庭在教育支出方面比未申请的家庭高出33.6%，凸显出信贷申请者对人力资本积累的重视。

表5－8 教育支出差异检验

Explanatory Variables	**(1)**
	Log(Educational Expenses)
Bank Loan Apply	0.336 **
	(0.164)
Income Indicators	
Log(Income)	0.0607
	(0.0570)
Falling Income	−0.140
	(0.175)

续表

Explanatory Variables	(1)
	Log(Educational Expenses)
Unchanged Income	-0.00166
	(0.201)
NO. of Observations	468
NO. of Clusters	204
Joint Significance	Wald $\chi^2(32)$ = 7.63***
Pseudo R^2	0.2187
Control Variables	Yes
Robust Standard Errors Clustered at the Community Level	Yes
Sample Weight Adopted	Yes

注:①第(1)列回归使用 Logit 模型。②回归的样本均为参与农业活动或商业活动的家庭。③回归中均加入与表 5-2 中模型一致的家庭层面、社区层面、省级层面的控制变量。④模型中省略均为基准参照组,包括 *Rising Income* (0/1)、*Young* (0/1)、*Primary School or Less* (0/1)、*Unemployed* (0/1)、*Low-Durable-Value Level* (0/1)、*Low-Liquid-Value Level* (0/1)、*Risk Averse* (0/1)。

一个潜在的问题是,信贷申请者高额的教育支出可能源于其他原因,而非隧道效应所导致。例如,银行的专项扶贫信贷,或是地方政府的专项扶贫财政支持,都可能会导致信贷申请者提升其教育支出。为明确该问题是否存在,表5-9中的回归引入两组指标,以检验专项信贷和资金支持对家庭教育支出的影响。

第一组指标是家庭的教育信息获取和对子女未来的教育计划。信息获取在家庭支出行为中起着关键作用。如果一个家庭是通过多种渠道获取有关教育的,可以预见,该家庭懂得使用教育投资长期获利,从而增加对于教育活动的投资。此外,如果一个家庭计划将子女送往海外留学,则需要在教育活动上投入更多的资金,以满足高学术的要求。

具体而言,第一组指标包括信息来源数量(*Number of Information Sources*),统计户主所依赖的主要信息渠道的数量,包括报纸、互联网、朋友等;追踪教育新闻(*Tracing Education News*),描述户主是否追踪日常生活中有关教育活动的新闻;海外留学计划(*Overseas Study Plan*),表明家庭是否计划将后代送往海外留学。

第二组指标识别家庭是否获得政府或银行提供的专项资金支持，比如政府救济，或是有专项教育贷款。可以预见，获得专项资金支持的家庭会在教育活动中有更多的支出。

第一个指标政府救济（*Government Benefit*），描述了贫困家庭、失去农田或是遭受自然灾害等家庭是否获得政府补贴。在中国，获得政府救济的家庭通常极度贫困，其需要政府的补贴以维持基本生计。另一个指标是专项教育信贷（*Target Educational Credit*），表明家庭是否从银行获得有针对性的教育信贷。

在表5-9中，第（1）列的结果表明信贷申请者在教育活动方面的支出显著高于非申请者。

表5-9　家庭教育支出的潜在解释

Explanatory Variables	(1)	(2)	(3)	(4)	(5)
	Log (Educational Expenses)	Log (Educational Expenses)	Log (Educational Expenses)	Log (Educational Expenses)	Log (Educational Expenses)
Bank Loan Apply	0.336**	0.364**	0.368**	0.368**	0.304*
	(0.164)	(0.163)	(0.165)	(0.164)	(0.163)
Log(Income)	0.0607	0.0654	0.0630	0.0665	0.0703
	(0.0570)	(0.0568)	(0.0573)	(0.0566)	(0.0556)
Relative Income					
Falling Income	-0.140	-0.142	-0.145	-0.162	-0.212
	(0.175)	(0.173)	(0.172)	(0.172)	(0.169)
Unchanged Income	-0.00166	0.0104	0.0245	0.00787	-0.0433
	(0.201)	(0.198)	(0.200)	(0.200)	(0.187)
Potential Explanations					
NO. of Information Source	—	0.187**	0.192**	0.192**	0.192***
	—	(0.0741)	(0.0744)	(0.0725)	(0.0724)

续表

Explanatory Variables	(1) Log (Educational Expenses)	(2) Log (Educational Expenses)	(3) Log (Educational Expenses)	(4) Log (Educational Expenses)	(5) Log (Educational Expenses)
Tracing Educational News	—	-0.255	-0.235	-0.253	-0.247
	—	(0.206)	(0.203)	(0.197)	(0.190)
Overseas Study Plan	—	—	-0.128	-0.138	-0.120
	—	—	(0.154)	(0.153)	(0.150)
Government Benefit	—	—	—	0.375**	0.309*
	—	—	—	(0.182)	(0.170)
Targeted Educational Credit	—	—	—	—	1.528***
	—	—	—	—	(0.223)
NO. of Observations	468	468	468	468	468
NO. of Clusters	204	204	204	204	204
Joint Significance	Wald $\chi^2(32)$ =7.63**	Wald $\chi^2(34)$ =8.07**	Wald $\chi^2(35)$ =8.05**	Wald $\chi^2(36)$ =8.10**	Wald $\chi^2(37)$ =11.19***
R^2	0.2187	0.2342	0.2355	0.2431	0.2742
Control Variables	Yes	Yes	Yes	Yes	Yes
Robust Standard Errors Clustered at the Community Level	Yes	Yes	Yes	Yes	Yes
Sample Weight Adopted	Yes	Yes	Yes	Yes	Yes

注：①所有回归使用 OLS 模型。②回归的样本均为参与农业活动或商业活动的家庭。③回归中均加入与表 5-2 中模型一致的家庭层面、社区层面、省级层面的控制变量。④模型中省略均为基准参照组，包括 *Rising Income* (0/1)、*Young* (0/1)、*Primary School or Less* (0/1)、*Unemployed* (0/1)、*Low-Durable-Value Level* (0/1)、*Low-Liquid-Value Level* (0/1)、*Risk Averse* (0/1)。

在第(2)列和第(3)列中，信息来源的数量对于家庭教育支出有着显著的正向影响，但教育新闻追踪以及海外留学计划的影响却并不显著，表明多样化的信息来源有助于增加家庭教育支出的提高。同时，目标变量银行信贷申请(*Bank Loan Apply*)在这两列的结果中均在5%的显著性水平下呈正向影响。

第(4)列的回归中引入政府救济，其系数显著为正，且银行信贷申请(*Bank Loan Apply*)系数同样为正，并在5%的显著性水平下通过检验。在第(5)列中，将专项教育信贷引入回归，且结果显示为显著的正向影响，而银行信贷申请则在10%的显著性水平下通过检验。

从上述实证分析中可以得出以下两点结论：

第一，尽管政府或银行专项资金支持推动家庭在教育活动上投入更多，但银行信贷申请(*Bank Loan Apply*)在所有回归中均显著为正，表明相比于非申请者，信贷申请者在人力资本积累方面投入更大。简言之，"隧道效应"仍是家庭申请银行信贷的主要动机。

第二，政府救济以及专项教育信贷提高了家庭教育支出，这一分析结果表明，"隧道效应"使得经济劣势家庭能够合理地分配资金以进行长期教育投资，以期获得长期回报。依据政策规定，只有极度贫困的家庭才能够获得政府救济或是专项教育信贷。中国政府为贫困家庭提供救济，以维持其基本生活，并为那些在入学期间无法支付学费以及基本生活费的学生提供专项教育贷款。对于这些贫困家庭，高额的教育活动支出表明家庭试图通过投资于人力资本摆脱贫困。这表明"隧道效应"激励贫困家庭合理地使用信贷进行人力资本投资，并寻求长期经济效益。

表5-8和表5-9的回归仅限于已经有教育支出的家庭，只有当教育支出为正时，被解释变量教育支出的对数值[*log*(*educational expense*)]才可以被观测。为排除可能出现的失访偏差，将被解释变量调整为*Log*(*Educational Expenses* +1)，从而将未发生教育支出的家庭纳入其中。由于家庭中用于成年人的投资很少，在样本中仅包含有3～30岁成员的家庭(Jin等，2011)。

首先，笔者检验了不同收入群体的影响。如果隧道效应存在，那么处于低收入群体的信贷申请者会在教育方面有更多的投资，这是由于他们自身的低收入会促使其通过人力资本的积累以改善财富状况。表5-10的回归结果证实了这一预测，即处于收入底部群体的信贷申请者用于教育方面的支出显著高于同一组群中的非申请者。

表 5-10　不同收入阶层中教育投资的差异

Explanatory Variables	(1)	(2)	(3)
	Low Income Class	Middle Income Class	High Income Class
	Log(Educational Expenditure +1)	Log(Educational Expenditure +1)	Log(Educational Expenditure +1)
Bank Loan Apply	1.015*	0.354	-0.0732
	(0.557)	(0.659)	(0.653)
Income Indicators			
Log(Income)	0.334	-0.573	0.0535
	(0.334)	(0.842)	(0.351)
Falling Income	0.105	-1.178	-0.191
	(0.662)	(0.800)	(0.637)
Unchanged Income	0.647	-1.027	0.599
	(0.731)	(0.805)	(0.773)
NO. of Observations	300	251	251
NO. of Clusters	166	136	152
Joint Significance	F (30) = 5.46***	F (30) = 3.50***	F (30) = 4.64***
Pseudo R^2	0.2296	0.2142	0.2539
Control Variables	Yes	Yes	Yes
Robust Standard Errors Clustered at the Community Level	Yes	Yes	Yes
Sample Weight Adopted	Yes	Yes	Yes

注：①所有回归均使用 OLS 模型。②回归的样本均为参与农业活动或商业活动的家庭。③回归中均加入与表 5-2 中模型一致的家庭层面、社区层面、省级层面的控制变量。④模型中省略均为基准参照组，包括 *Rising Income* (0/1), *Young* (0/1), *Primary School or Less* (0/1), *Unemployed* (0/1), *Low - Durable - Value Level* (0/1), *Low - Liquid - Value Level* (0/1), *Risk Averse* (0/1)。

其次，笔者预测户主的教育背景会影响下一代的教育投资。如果隧道效应存在，受教育程度较低的户主由于受到过高等教育家庭的财富状况和社会地位的激励，因而会为下一代分配更多的教育资金。

在表5－11中，第(1)列表明，在受教育水平较低的户主中，信贷申请者用于教育方面的投资显著高于非申请者。第(2)列的结果显示，接受过高等教育的户主中，这一投资的差异并不存在。

表5－11　不同受教育水平家庭的教育投资差异

Explanatory Variables	(1)	(2)
	Less Educated Household Heads	More Educated Household Heads
	Log(Educational Expenditure + 1)	Log(Educational Expenditure + 1)
Bank Loan Apply	0.879*	0.143
	(0.462)	(0.463)
Income Indicators		
Log(Income)	－0.576**	－0.251
	(0.250)	(0.180)
Falling Income	－1.166*	0.240
	(0.631)	(0.562)
Unchanged Income	－0.344	0.125
	(0.704)	(0.562)
NO. of Observations	310	492
NO. of Clusters	137	207
Joint Significance	F (30) = 2.43***	F (30) = 3.81***
Pseudo R^2	0.1873	0.1913
Control Variables	Yes	Yes
Robust StandardErrors Clustered at the Community Level	Yes	Yes
Sample Weight Adopted	Yes	Yes

注：①所有回归均使用OLS模型。②回归的样本均为参与农业活动或商业活动的家庭，且有家庭成员年龄为3～30岁。③回归中均加入与表5－2中模型一致的家庭层面、社区层面、省级层面的控制变量。④模型中省略均为基准参照组，包括 *Rising Income* (0/1)，*Young* (0/1)，*Primary School or Less* (0/1)，*Unemployed* (0/1)，*Low－Durable－Value Level* (0/1)，*Low－Liquid－Value Level* (0/1)，*Risk Averse* (0/1)。

总而言之，以上实证分析表明，无证据支持"攀比效应"，但是那些有意向参与使用金融服务的家庭往往在教育活动中花费更多。上述研究结果表明，贫困家庭使用金融工具的强烈意愿并不是基于信贷融资用于炫耀性消费，以提高社会地位。相反，信贷申请者的主要动机是利用足够的资金投资于人力资本积累，从而改善其财富状况和社会地位。因此，"隧道效应"形成了家庭的未来预期，并鼓励其进行理性投资。

通过上述结论，可以看出，普惠金融使贫困群体受益，这是因为贫困群体能够利用金融资源投资于人力资本，而不是用于非理性消费以炫耀财富。本文实证检验的结论对普惠金融引发贫困群体面临持续贫困这一论断提出质疑。

5.6 稳健性检验

在这一部分中，将使用一系列的代理变量对模型进行重新估计，以检验结果的稳健性。

第一，使用另一种相对收入指标，即收入等级（*Income Rank*），以检验收入比较对信贷申请的影响。正如5.5中所描述的，收入等级是社区收入分配中的标准化的排名；社区中最贫困的家庭收入等级为0，最富裕的家庭则为1。在附录C2的第（1）列中，收入等级（*Income Rank*）的系数为负，且在5%的显著性水平下通过检验，表明在收入分配中排名越高的家庭其申请信贷的可能性就越小。这一结果证实了先前的结论，即相对贫困的家庭更有动力参与到金融市场中。随后，将样本按照收入分成三组，结果与表5-5中的不同收入组的估计结果一致，即低收入群体中的成员受到其相对较低的收入排名的驱使而寻求外部资金，而相对富裕的个体则对自身在收入分配中的地位不敏感，对这部分个体而言，自身实际收入的提高才是其参与信贷市场的主要原因。

第二，由于分析中所估计的样本是整个调查的子样本，因此将纳入其他观测样本来检验上述结果对于样本的选择是否敏感。具体而言，在之前的估计中，已经还清银行债务且目前没有银行债务的家庭未包含在检验样本中，这些家庭被归为没有信贷需求的家庭。在稳健性检验中，将已经还清债务的家庭归为有信贷需求并申请信贷的家庭，这样一来，信贷申请者的数量从428人增加到636人，而非申请人的数量保持不变，为518人。新样本的回归结果见附录C3，可以看出，结果与前文一致。参考收入（*Reference Income*）（社区平均收入和中位数收入）仍表现为显著的正向影响，说明收入比较推动了个体参与信贷市场。收入等级（*Income Rank*）的影响为负，但在统计意义上不显著，意味着个体往往更关注自身与邻居之间的实际收入差距，而非在收入分配中的地位。

第三，一系列研究表明，在正规金融体系不完善的经济体中，家庭通过建立基于亲属关系以及社会关系的非正规风险分担机制，以应对紧急情况下的收入冲击，从而确保自身免受风险（Fafchamps 和 Gubert，2007；Grimard，1997；Ligon，Thomas 和 Worrall，2000，2001；Townsend，1994）。特别是个体间非正规的借贷是风险共担的主要工具（Fafchamps 和 Gubert，2007；Fafchamps 和 Lund，2003；Udry，1994）。因此，社区收入的均值/中位数水平可能是非正规保险能力的代理指标，而不是参考收入或收入比较。

在附录C4中，被解释变量是非正规信贷（*Informal Credit*），即家庭是否有非正规借贷。所有的回归结果均表明，无论是绝对收入还是相对收入，对于家庭非正规信贷都不会产生任何影响。只有第（4）列的结果显示，*Log*（*Income*）的系数显著为负，即当家庭的绝对收入水平提高时，处于中等收入阶层的家庭从非正规渠道借款的可能性降低。在进一步的分析中，仅检验对银行信贷有需求的家庭（946个观测值），结果与附录D仍一致。总体来看，并没有证据表明当家庭在做收入比较时，非正规借贷会替代银行借贷，这也解释了参考群体收入并非反映社区非正规保险机制的指标。

第四，检验家庭收入状况对其日常消费、炫耀性消费、住房支出以及耐用品消费的影响，结果显示，相对收入状况对于贫困个体的消费模式影响有限，而对于相对富裕的家庭而言，其消费模式所受到的影响较大。这与图5-2和图5-3所展示的结论一致。

5.7 结 论

本研究首次尝试分析收入比较与家庭金融决策之间的联系。本研究基于一系列实证检验支持理论分析及所提出的假设。第一，家庭获取金融资源的决策与其参考群体收入（社区的平均收入/收入的中位数）之间存在显著的正相关关系。第二,相对贫困的个体在收入分布中所处的地位较低,该现象激励其进入信贷市场并申请金融贷款,而相比之下,收入比较对较为富裕的个体影响较小。第三,为了确定普惠金融对借款家庭财富积累的影响,本文探究了相对贫困的个体从银行借款的主导动机。研究表明,同一社区的邻里在经济上的成功会激发经济条件较差的家庭学习利用金融资源,以提高自身的财富状况和人力资本的积累,从而证实了由 Hirschman 和 Rothschild(1973)所提出的"隧道效应"。然而,并没有证据表明家庭的金融行为受嫉妒心理所驱动,也就是说,"攀比效应"并未得到验证。因此,本研究实证检验了这样一个观点,即普惠金融为贫困个体带来了经济效益,而并非使其持续陷入贫困。

本研究的调查结果也为政策制定者提供了重要的启示。该分析明确了家庭申请银行借贷的不同动机。通过观察信贷申请者的行为特征,银行和政策制定者可以依据此来预测借款者将如何利用信贷,并预测普惠金融可能带来的经济后果。如果"攀比效应"主导家庭金融行为,那么金融机构应该更多地依赖于审慎监管来筛选那些有很大可能增加炫耀性消费的申请者,即那些表现出严重的收支不平衡的人。通过对信贷申请者的社交网络成员的消费习惯进行调查,贷款人员能够评估申请者的潜在违约风险。在比较型的社会中,政府需要通过收入再分配政策来减少不平等,从而创造一个更大的、可持续的中产阶级(Akay 等,2012)。相反,如果"隧道效应"占主导地位,那么政策制定者无须过度关注收入不平等和过度消费所带来的影响,这是由于相对贫困的个体会更加理性地将金融资源分配给有利可图的项目,从而积累财富。在这种情况下,对金融机构来说,确保为那些收到信贷约束的人提供充足的资金,并给予其投资及还款导向是极其重要的。

参考文献

[1]Aghion P, Bolton P. A theory of trickle – down growth and development [J]. Review of Economic Studies, 1997, 64: 151 – 172.

[2]Allen F, Demirgüc – Kunt A, Klapper L, Peria M. The Foundation of Financial Inclusion: Understanding Ownership and Use of Formal Accounts[J]. World Bank Policy Research Paper 6290, 2012.

[3]Akay A, Bargain O, Zimmermann K F. Relative concerns of rural – to –

urban migrants in China[J]. Journal of Economic Behavior & Organization, 2012, 81: 421 -441.

[4]Alvarez - Curdrado F, Japaridze I. Trickle - Down Consumption, Financial Deregulation[J]. Inequality, and Indebtedness. Cahiers De Recherche, 2015, 5: 163 -180.

[5]Atkinson A B, Rainwater L, Smeeding T M. Income Distribution in OECD Countries[J]. OECD Social Policy Studies, 1995, No. 18, Paris.

[6]Banerjee A V, Duflo E. The economic lives of the poor[J]. Journal of Economic Perspectives, 2006, 21: 141 -167.

[7]Beck T, Demirgüç - Kunt A, Levine R. Finance, inequality and the poor[J]. Journal of Economic Growth, 2007, 12: 27 -49.

[8]Becker G, Murphy K, Werning I. The equilibrium distribution of income and the market for status[J]. Journal of Political Economy, 2005, 113: 282 -310.

[9]Becker G, Rayo L. Peer Comparisons and Consumer Debt[J]. University of Chicago Law Review, 2006, 73: 231 -248.

[10]Bertrand M, Morse A. Trickle - Down Consumption[OL], Chicago Booth Working Paper, 2013.

[11]Bernheim B D, Garrett D M. The effects of financial education in the workplace: evidence from a survey of households [J]. Journal of Public Economics, 2003, 87: 1487 -1519.

[12]Blanchflower D, Oswald A. Well - being over time in Britain and the USA[J]. Journal of Public Economics, 2004, 88: 135 9 -1386.

[13]Bookwalter J, Dalenberg D R. Relative to what or whom? The importance of norms and relative standing to well - being in South Africa[J]. World Development, 2010, 38: 345 -355.

[14]Bowles S, Park Y. Emulation, Inequality, and Work Hours: Was Thorsten Veblen Right? [J]. Economic Journal. 2005, 115: 397 -412.

[15]Caporale G M, Georgellis Y, Tsitsianis N, Yin Y P. Income and happiness across Europe: Do reference values matter? [J]. Journal of Economic Psychology, 2009, 30: 42 -51.

[16]Card D, Mas A, Moretti E, Saez E. Inequality at Work: The Effect of Peer Salaries on Job Satisfaction[J]. American Economic Review, 2012, 102: 2981 - 3003.

[17]Carr M D, Jayadev A. Relative Income and Indebtedness: Evidence from Panel Data[J]. Review of Income and Wealth, 2014, 61: 759 - 772.

[18]Charles K K, Hurst E, Roussanov N. Conspicuous consumption and race[J]. Quarterly Journal of Economics, 2009, 124: 425 - 467.

[19]Christen M, Morgan R. Keeping Up With the Joneses: Analyzing the Effect of Income Inequality on Consumer Borrowing[J]. Quantitative Marketing and Economics, 2005, 3: 145 - 173.

[20]Clark A, Frijters P, Shields M. Relative income, happiness and utility: an explanation of the Easterlin paradox and other puzzles[J]. Journal of Economic Literature, 2008, 46: 95 - 144.

[21]Clark A, Masclet D, Villeval M C. Effort and Comparison Income: Experimental and Survey[J]. Industrial and Labor Relations Review, 2010, 63: 407 - 426.

[22]Clark A, Kristensen N, Westergard - Nielsen N. Economic satisfaction and income rank in small neighbourhoods[J]. Journal of the European Economic Association, 2009, 7: 519 - 527.

[23]Clark A E, Oswald A J. Satisfaction and comparison income[J]. Journal of Public Economics, 1996, 6: 359 - 381.

[24]Demirgüc - Kunt A, Klapper L. Measuring Financial Inclusion: Explaining Variation in Use of Financial Services Across and Within Countries[J]. Brookings Papers on Economic Activity, 2013: 279 - 340.

[25]Duesenberry J S. Income, Saving and the Theory of Consumer Behavior[M]. Harvard University Press. Cambridge, 1949.

[26]Dynan K E, Ravina E. Increasing Income Inequality, External Habits, and Self - Reported Happiness[J]. American Economic Review, 2007, 97: 226 - 231.

[27]Easterlin R A. Does economic growth improve the human lot? Some empirical evidence, in R. David and R. Reder eds Nations and Households in

Economic Growth[M]. New York: Academic Press, 1974.

[28]Easterlin R A. Will raising the incomes of all increase the happiness of all? [J]. Journal of Economic Behavior and Organization, 1995, 27: 35 –47.

[29]Fafchamps M, Gubert F. The formation of risk sharing networks[J]. Journal of Development Economics, 2007, 83 (2): 326 –350.

[30]Fafchamps M, Lund S. Risk – sharing networks in rural Philippines [J]. Journal of Development Economics, 2003, 71 (2): 261 –287.

[31]Ferrer – i – Carbonell A. Income and well – being: an empirical analysis of the comparison income effect[J]. Journal of Public Economics, 2005, 89: 997 –1019.

[32]Flug K, Spilimbergo A, Wachtenheim E. Investment in education: do economic volatility and credit constraints matter? [J]. Journal of Development Economics, 1998, 55: 465 –481.

[33]Frank R B, Levine A S, Dijk O V. Expenditure Cascades[J]. Review of Behavioral Economics, 2014, 1: 55 –73.

[34]Frank R H. The demand for unobservable and other non – positional goods[J]. American Economic Review, 1985, 75: 101 –116.

[35]Galí J. Keeping up with the Joneses: Consumption Externalities, Portfolio Choice, and Asset Prices[J]. Journal of Money, Credit and Banking, 1994, 26: 1 –8.

[36]Galor O, Moav O. From physical to human capital accumulation: Inequality and the process of development[J]. Review of Economic Studies, 2004, 71: 1001 –1026.

[37]Gan L, Yin Z, Jia N, Shu X, Ma S, Zheng L. Data You Need to Know About China: Research Report of China Household Finance Survey[M]. Berlin: Springer, 2014.

[38]Georgarakos D, Haliassos M, Pasini G. Household Debt and Social Interactions[J]. Review of Financial Studies, 2014, 27: 1404 –1433.

[39]Grimard F. Household consumption smoothing through ethnic ties: evidence from Cote d' Ivoire[J]. Journal of Development Economics, 1997, 53 (2): 391 –422.

[40]Hirsch F. The Social Limits to Growth[M]. Cambridge: Havard University Press, 1976.

[41]Hirschman A, Rothschild M. The changing tolerance for income inequality in the course of economic development[J]. Quarterly Journal of Economics, 1973, 87: 544 -566.

[42]Holländer H. On the validity of utility statements: standard theory versus Duesenberry's[J]. Journal of Economic Behavior & Organization, 2001, 45: 227 -249.

[43]Jacoby H G, Skoufias E. Risk, Financial Markets, and Human Capital in a Developing Country[J]. Review of Economic Studies, 1997, 64: 311 -335.

[44]Jiang S, Lu M, Sato H. Identity, Inequality, and Happiness: Evidence from Urban China[J]. World Development, 2012, 40: 1190 -1200.

[45]Jin Y, Li H, Wu B. Income inequality, consumption, and social - status seeking[J]. Journal of Comparative Economics, 2011, 39: 191 -204.

[46]Kaplan G A, Pamuk E R, Lynch J W, Cohen R D, Balfour J L. Inequality in income and mortality in the United States[J]. British Medical Journal, 1996, 312: 999 -1003.

[47]Khamis M, Prakash N, Siddique Z. Consumption and social identity: Evidence from India[J]. Journal of Economic Behavior & Organization, 2012, 83: 353 -371.

[48]Kingdon G G, Knight J. Community, comparisons and subjective wel l - being in a divided society[J]. Journal of Economic Behavior & Organization, 2007, 64: 69 -90.

[49]Knight J, Song L, Gunatilaka R. The determinants of subjective wel l - being in rural China[J]. China Economic Review, 2009, 20: 635 -649.

[50]Knight J, Guantilaka R. Great Expectations? The Subjective Well - being of Rural - Urban Migrants in China[J]. World Development, 2010, 38: 113 -124.

[51]Knight J, Gunatilaka R. Does Economic Growth Raise Happiness in China? [J]. Oxford Development Studies, 2011, 39: 1 -24.

[52] Kuhn P, Kooreman P, Soetevent A R, Kapteyn A. The effects of lottery prizes on winners and their neighbors: evidence from the Dutch postcode lottery[J]. American Economic Review, 2011, 101: 2226 - 2247.

[53] Kumhof M, Rancière R, Winant P. Inequality, Leverage, and Crises [J]. American Economic Review, 2015, 105: 1217 - 1245.

[54] Levy - Garboua L, Montmarquette C. Satisfaction Judgements and Utility Analysis[OL]. University Paris I Mimeo, 2001.

[55] Liang P, Guo S. Social interaction, Internet access and stock market participation—An empirical study in China[J]. Journal of Comparative Economics, 2015, 43: 883 - 901.

[56] Ligon E, Thomas J P, Worrall T. Mutual insurance, individual savings, and limited commitment[J]. Review of Economic Dynamics, 2000, 3 (2): 216 - 246.

[57] Ligon E, Thomas J P, T Worrall. Informal insurance arrangements in village economies[J]. Review of Economic Studies, 2001, 69 (1): 209 - 244.

[58] Lu Y, Turvey C G. The influencing factors and urban - rural differences in the behavior of household risky assets holding in China[J]. Finance and Trade Economics, 2014, 9: 72 - 81.

[59] Luttmer E F P. Neighbors as negatives: Relative earnings and well - being[J]. Quarterly Journal of Economics, 2005, 120: 963 - 1002.

[60] Maurer J, Meier A. Smooth It Like the Joneses? Estimating Peer - Group Effects in Intertemporal Consumption Choice [J]. Economic Journal, 2008, 118: 454 - 476.

[61] McBride M. Relative - income effects on subjective well - being in the cross - section[J]. Journal of Economic Behavior and Organization, 2001, 45: 251 - 278.

[62] Miller D L, Paxson C. Relative income, race, and mortality[J]. Journal of Health Economics, 2006, 25: 979 - 1003.

[63] Moav O, Neeman Z. Status and Poverty[J]. Journal of the European Economic Association, 2010, 82/3: 413 - 420.

[64] Moav O, Neeman Z. Saving Rates and Poverty: The Role of Conspicu-

ous Consumption and Human Capital[J]. Economic Journal, 2012, 122: 933 - 956.

[65]Mujcic R, Frijters P. Economic choices and status: measuring preferences for income rank[J]. Oxford Economic Papers, 2012, 65: 47 - 73.

[66]OECD. The OECD List of Social Indicators[OL], Paris. 1982.

[67]Oshio T, Nozaki K, Kobayashi M. Relative Income and Happiness in Asia: Evidence from Nationwide Surveys in China, Japan, and Korea[J]. Social Indicators Research, 2011, 104: 351 - 367.

[68]Pham T K C. Economic growth and status - seeking through personal wealth[J]. European Journal of Political Economy, 2005, 21: 407 - 427.

[69]Pollin R. Deeper In Debt: The Changing Financial Conditions of U. S. Households[M]. Washington, DC: Economic Policy Institute, 1990.

[70]Rajan R. Fault Lines: How Hidden Fractures Still Threaten the World Economy[M]. Princeton University Press, 2010.

[71]Ravallion M, Lokshin M. Who wants to redistribute? The "tunnel" effect in 1990s Russia[J]. Journal of Public Economics, 2000, 76: 87 - 104.

[72]Ravina E. Habit persistence and keeping up with the Joneses: evidence from micro data[OL]. Unpublished Results, 2007.

[73]Rizzo J A, Zeckhauser R J. Reference Incomes, Loss Aversion, and Physician Behavior [J]. Review of Economics and Statistics, 2003, 85: 909 - 922.

[74]Roussanov N. Diversification and Its Discontents: Idiosyncratic and Entrepreneurial Risk in the Quest for Social Status [J]. Journal of Finance, 2010, 65: 1755 - 1788.

[75]Senik C. When information dominates comparison: Learning from Russian subjective panel data[J]. Journal of Public Economics, 2004, 88 (9 - 10): 2099 - 2123.

[76]Senik C. Ambition and Jealousy: Income Interactions in the 'Old' Europe versus the 'New' Europe and the United States[J]. Economica, 2008, 75: 495 - 513.

[77]Senik C. Direct evidence on income comparisons and their welfare

effects [J]. Journal of Economic Behavior & Organization, 2009, 72: 408 -424.

[78]Stark O, Taylor J E. Migration Incentives, Migration Types: The Role of Relative Deprivation[J]. Economic Journal, 1991, 101: 1163 -1178.

[79]Townsend R M. Risk and insurance in village India[J]. Econometrica, 1994, 62 (3): 539 -591.

[80]Udry C. Risk and Insurance in a Rural Credit Market: An Empirical Investigation in Northern Nigeria[J]. Review of Economic Studies, 1994, 61 (3): 495 -526.

[81]Veblen T. The Theory of the Leisure Class[M]. London: George Allen and Unwin Originally published by Macmillan, New York, 1899/1994.

[82]Yin Z, Song Q, Wu Y. Financial literacy, trading experience and household portfolio choice[J]. Economic Research Journal, 2014 (4): 62 -75.

[83]Zhu G, Du Z, Zhang L. Guanxi, stock market participation and stock return[J]. Economic Research Journal, 2014, 11: 87 -101.

附录列表

表 C.1 变量列表

Variables	Definitions
Credit Status Indicators	
Bank Loan Apply (0/1)	Binary: whether the household apply for bank credit for commercial activities and/or agricultural activities
Credit Demand (0/1)	Binary: whether the household has demand on bank credit for commercial activities and/or agricultural activities.
Informal Lending (0/1)	Binary: whether the household borrows from the informal sector for commercial activities and/or agricultural activities.
Income Indicators	
Log(Income)	Natural logarithm of income per equivalent person of the household: household income adjusted by the Oxford equivalence scale, where one of the adults in the household has weight 1, the other adults have weight 0.7, and children's weight is 0.5.
Reference Income (Mean)	The mean income of the community excluding the household's own income.
Reference Income (Median)	The median income of the community excluding the household's own income.
Income Rank	Ordinal position of the household's income in the hierarchy of income levels in the community. It is calculated as $\frac{Rank-1}{Total\ NO.\ of\ HHsin\ Community-1}$. The *Rank* equals one when the household has the lowest income in the community, and becomes larger when income position improves. Thus the greater value of *Income Rank*, the higher relative position in the community income hierarchy.
Rising Income (0/1)	Binary: whether the household received higher income in the survey year than it had received in previous years (Reference Group).
Falling Income (0/1)	Binary: whether the household received lower income in the survey year than it had received in previous years.

续表

Variables	Definitions
Unchanged Income (0/1)	Binary: whether the household received similar income in the survey year than it had received in previous years.
Demographic Characteristics	
Female (0/1)	Binary: whether the household head is female.
Young (0/1)	Binary: whether the household head is below 30 years old (Reference Group).
Middle – Aged (0/1)	Binary: whether the household head is between 30 and 60 years old.
Old (0/1)	Binary: whether the household head is above 60 years old.
Political Affiliation (0/1)	Binary: whether the household head is a member of the political party.
Local ID (0/1)	Binary: whether the household head has the local registration identity.
Household Size	Number of family members.
Primary School or Less (0/1)	Binary: whether the household head's highest educational attainment is (less than) the primary school (Reference Group).
Middle or Vocational School (0/1)	Binary: whether the household head's highest educational attainment is the middle school (or vocational school).
Bachelor Degree or Above (0/1)	Binary: whether the household head's highest educational attainment is the university education or above (postgraduate study or PhD).
Unemployment (0/1)	Binary: whether the household head is unemployed (Reference Group).
Farmer (0/1)	Binary: whether the household head is a farmer.
Freelance (0/1)	Binary: whether the household head is a freelancer.
Entrepreneurs (0/1)	Binary: whether the household head is an entrepreneur.
Employees (0/1)	Binary: whether the household head is employed by a company or an institution.

续表

Variables	Definitions
Economic Conditions	
Low – Income Class (0/1)	Binary: whether the household income lies within the range of the lowest 33% among all households' incomes within the same province (Reference Group).
Middle – Income Class (0/1)	Binary: whether the household income lies within the range between 33% and 66% among all households' incomes within the same province.
Top – Income Class (0/1)	Binary: whether the household income lies within the range of the highest 33% among all households' incomes within the same province.
Low – Durable – Value Level (0/1)	Binary: whether the household's durable goods value lies within the range of the lowest 33% among all households' durable goods values within the same province (Reference Group).
Middle – Durable – Value Level (0/1)	Binary: whether the household's durable goods value lies within the range between 33% and 66% among all households' durable goods values within the same province.
Top – Durable – Value Level (0/1)	Binary: whether the household durable goods value lies within the range of the highest 33% among all households' durable goods values within the same province.
Low – Liquid – Value Level (0/1)	Binary: whether the household's liquid assets value lies within the range of the lowest 33% among all households' liquid assets values within the same province (Reference Group).
Middle – Liquid – Value Level (0/1)	Binary: whether the household's liquid assets value lies within the range between 33% and 66% among all households' liquid assets values within the same province.
Top – Liquid – Value Level (0/1)	Binary: whether the household liquid assets value lies within the range of the highest 33% among all households' liquid assets values within the same province.
Own Accommodation (0/1)	Binary: whether the household owns (an) accommodation(s) (legally certificated).

续表

Variables	Definitions
Own Car (0/1)	Binary: whether the household owns (a) car(s).
Personal Traits	
Risk Averse (0/1)	Binary: whether the household head prefers to invest in projects with low risk and low profit when he/she has cash lying around (Reference Group).
Risk Neutral (0/1)	Binary: whether the household head prefers to invest in projects with medium risk and medium profit when he/she has cash lying around.
Risk Seeking (0/1)	Binary: whether the household head prefers to invest in projects with high risk and high profit when he/she has cash lying around.
Positive Economic Prediction (0/1)	Binary: whether the household head hold strong positive expectations on the Chinese economy in the following five years.
Community Characters	
Gini of Community	Gini coefficient of the community, calculated on the basis of *Log*(*Income*).
NO. of Banks in the Community	Number of bank branches locate in the community.
Percentage of Stock Account	Percentage of households having stock accounts in the community.
Public Security Evaluation	Household head's subjective evaluation on the security environment of the neighborhood.
Rural (0/1)	Binary: whether the household locates in rural areas.
Province Characters	
Gini of Province	Gini coefficient of the province, calculated on the basis of *Log*(*Income*).
CPI of Province	Consumer Price Index of the province the household locates in, offered by the National Bureau of Statistics of China.

续表

Variables	Definitions
Residence CPI of Province	Residence Consumer Price Index of the province the household locates in, offered by the National Bureau of Statistics of China. Residence CPI specifies the change of housing price, building house price, decoration price and rental.
Following Economic News (0/1)	Binary: whether the household head follow economic news in his/her daily life.

Notes: ①Following OECD (1982), Atkinson, et al. (1995) and Jin, et al. (2011), household income is adjusted by the Oxford equivalencescale, results in the income per equivalent person of the household [*Log*(*Income*)]. ②Following McBride (2001), Miller and Paxson (2006); Dynan and Ravina (2007), Kingdon and Knight (2007), Charles et al. (2009) and Akay, et al. (2012), the mean and median income of the community serves as the proxy for *Reference Income* in this paper. ③Following Ferrer – i – Carbonell (2005) and Oshio, et al. (2011), income difference indicators (*Poorer* and*Richer*) are estimated and analyzed in the model. ④Following Becker et al. (2005), Brown, et al. (2008), Clark, et al. (2009), Powdthavee, N. (2009), Clark, et al. (2010) and Mujcic and Frijters (2013), *Income Rank* is estimated and analyzed in the model. ⑤Following Knight and Guantilaka. (2010), Knight, et al. (2009) and Knight and Guantilaka. (2011), household' s self – comparison indicators (*Rising Income*, *Falling Income*, *Unchanged Income*) are taken into account in the estimation.

表 C.2 收入排位对信贷申请的影响

Explanatory Variables	All Households	Low Income Class	Middle Income Class	High Income Class
	(1)	(2)	(3)	(4)
	Bank Loan Apply (=1)	Bank Loan Apply (=1)	Bank Loan Apply (=1)	Bank Loan Apply (=1)
Log(Income)	0.0825**	0.0238	0.178**	0.121**
	(0.0299)	(0.0415)	(0.0574)	(0.0508)
Relative Income				
Income Rank	-0.235**	-0.842**	0.0849	0.591*
	(0.103)	(0.372)	(0.284)	(0.346)
Falling Income	-0.0432	-0.0216	-0.0150	-0.0101
	(0.0434)	(0.0810)	(0.0656)	(0.0610)
Unchanged Income	0.0159	0.0247	0.0797	-0.0438
	(0.0484)	(0.0831)	(0.0717)	(0.0654)
NO. of Observations	946	324	297	325
NO. of Clusters	259	179	160	184
Joint Significance	Wald $\chi^2(33)$ = 107.28**	Wald $\chi^2(33)$ = 93.21**	Wald $\chi^2(3)$ = 78.72**	Wald $\chi^2(33)$ = 82.06***
Pseudo R^2	0.1564	0.2504	0.2432	0.2721
Control Variables	Yes	Yes	Yes	Yes
Robust Standard Errors Clustered at the Community Level	Yes	Yes	Yes	Yes
Sample Weight Adopted	Yes	Yes	Yes	Yes

Notes: ①Column (1) presents regression for all households having demand on bank credit for commercial and/or agricultural activities; ②Column (2) presents regression for households whose income lies within the range of the lowest 33% among all households' incomes within the same community; ③Column (3) presents regression for households whose income lies within the range between 33% and 66% among all households' incomes within the same community;

④Column (4) presents regression for households whose income lies within the range of the highest 33% among all households' incomes within the same community; ⑤All regressions in the table include the same set of household level, community level and province level control variables as well as the *Inverse Mills Ratio* shown in the baseline regression in table 3; ⑥All models are estimated by Logit; ⑦All models restrict to the sample of households having demand on bank credit for commercial and/or agricultural activities; ⑧Dependent variable (*Bank Loan Apply*) is 1 if households applied for bank credit, and 0 otherwise; ⑨Coefficients reported in all models are the marginal effect of each variable on the probability of applying for bank credit (*Bank Loan Apply* = 1); ⑩The omitted classificatory variables as reference groups are: *Rising Income* (0/1), *Young* (0/1), *Primary School or Less* (0/1), *Unemployed* (0/1), *Low-Durable-Value Level* (0/1), *Low-Liquid-Value Level* (0/1), *Risk Averse* (0/1); ⑪All models have been clustered at the community level for robust standard errors; ⑫ All models adopt sampling weight in the estimation to compensate for unequal probabilities of selection and conform to the national population distribution; ⑬ * * *, * * and * denote statistical significance at the one percent, five percent and ten percent levels respectively.

表 C.3 样本变化

Explanatory Variables	(1)	(2)	(5)
	Bank Loan Apply(=1)	**Bank Loan Apply(=1)**	**Bank Loan Apply(=1)**
Log(Income)	0.0179	0.0140	0.0661 **
Relative Income	(0.0133)	(0.0134)	(0.0324)
Reference Income (Mean)	0.136 **	—	
	(0.0547)	—	
Reference Income (Median)	—	0.159 ***	
	—	(0.0576)	
Income Rank	—	—	-0.177
	—	—	(0.110)
Falling Income	-0.0330	-0.0342	-0.0408
	(0.0389)	(0.0387)	(0.0390)
Unchanged Income	0.0200	0.0133	0.0137
	(0.0458)	(0.0456)	(0.0464)
NO. of Observations	1153	1153	1153

续表

Explanatory Variables	(1) Bank Loan Apply(=1)	(2) Bank Loan Apply(=1)	(5) Bank Loan Apply(=1)
NO. of Clusters	271	271	271
Joint Significance	Wald $\chi^2(33)$ = 96.80***	Wald $\chi^2(33)$ = 96.60***	Wald $\chi^2(33)$ = 95.88***
Pseudo R^2	0.1394	0.1442	0.1322
Control Variables	Yes	Yes	Yes
Robust Standard Errors Clustered at the Community Level	Yes	Yes	Yes
Sample Weight Adopted	Yes	Yes	Yes

Notes:①Households which paid off their credit are switched from the sample of having no credit demand to the sample of having credit demand and to the sample of households applied for bank credit. All regressions in the table investigate the new sample;②All regressions in the table include the same set of household level, community level and province level control variables as well as the *Inverse Mills Ratio* shown in the baseline regression in Table 2;③All models are estimated by logit;④All models restrict to the sample of households having demand on bank credit for commercial and/or agricultural activities;⑤Dependent variable (*Bank Loan Apply*) is 1 if households applied for bank credit, and 0 otherwise;⑥Coefficients reported in all models are the marginal effect of each variable on the probability of applying for bank credit (*Bank Loan Apply* = 1);⑦The omitted classificatory variables as reference groups are:*Rising Income* (0/1), *Young* (0/1), *Primary Schoolor Less* (0/1), *Unemployed* (0/1), *Low - Durable - Value Level* (0/1), *Low - Liquid - Value Level* (0/1), *Risk Averse* (0/1);⑧All models have been clustered at the community level for robust standard errors;⑨All models adopt sampling weight in the estimation to compensate for unequal probabilities of selection and conform to the national population distribution;⑩ * * *, * * denote statistical significance at the one percent, five percent and levels respectively.

表 C.4 收入比较对非正规信贷的影响

Explanatory Variables	(1)	(2)	(3)	(4)	(5)
	All Credit Applicants	All Credit Applicants	Low Income Class	Middle Income Class	High Income Class
	Informal Credit (=1)	Informal Credit (=1)	Informal Credit (=1)	Informal Credit (=1)	Informal Credit (=1)
Log(Income)	0.00431	0.00950	0.00186	-0.0968**	-0.0188
	(0.00754)	(0.00715)	(0.0395)	(0.0406)	(0.0257)
Relative Income					
Log(Reference Income)	—	-0.0142	—	—	
	—	(0.0323)	—	—	
Income Distance (with Mean)	—	—	0.0215	0.0351	0.0706
	—	—	(0.0367)	(0.0418)	(0.0477)
Falling Income	—	0.0231	0.00472	0.00842	0.0348
	—	(0.0211)	(0.0334)	(0.0315)	(0.0377)
Unchanged Income	—	0.0844**	0.0528	0.106**	0.0616
	—	(0.0276)	(0.0390)	(0.0424)	(0.0497)
NO. of Observations	3764	3764	1378	1292	2926
NO. of Clusters	313	320	271	269	301
Joint Significance	Waldχ^2(30) = 158.73**	Waldχ^2(33) = 175.12**	Waldχ^2(33) = 104.54**	Waldχ^2(33) = 90.94**	Waldχ^2(33) = 9.44***
Pseudo R^2	0.0497	0.0543	0.0774	0.0762	0.0611
Control Variables	Yes	Yes	Yes	Yes	Yes

续表

Explanatory Variables	(1)	(2)	(3)	(4)	(5)
	All Credit Applicants	**All Credit Applicants**	**Low Income Class**	**Middle Income Class**	**High Income Class**
	Informal Credit (=1)	**Informal Credit (=1)**	**Informal Credit (=1)**	**Informal Credit (=1)**	**Informal Credit (=1)**
Robust Standard Errors Clustered at the Community Level	Yes	Yes	Yes	Yes	Yes
Sample Weight Adopted	Yes	Yes	Yes	Yes	Yes

Notes:①All models are estimated by logit;②All regressions in the table include the same set of household level, community level as well asprovince level control variables shown in the baseline regression in table 2;③All models restrict to the sample of households who involve in commercial and/or agricultural activities;④Column (3) presents the regression for households whose income lies within the range of the lowest 33% among all households' incomes within the same community;⑤Column (4) presents the regression for households whose income lies within the range between 33% and 66% among all households' incomes within the same community;⑥Column (5) presents the regression for households whose income lies within the range of the highest 33% among all households' incomes within the same community;⑦Coefficients reported in all models are the marginal effect of each variable on the probability of having informal credit (*Informal Credit* =1). ⑧The omitted classificatory variables as reference groups are: *Rising Income* (0/1), *Young* (0/1), *Primary Schoolor Less* (0/1), *Unemployed* (0/1), *Low - Durable - Value Level* (0/1), *Low - Liquid - Value Level* (0/1), *Risk Averse* (0/1).

索　引